Eine himmlische Familie

EIN AUSFLUG MIT FOLGEN

Eine himmlische Familie

Ein Ausflug mit Folgen

Auf Basis der gleichnamigen Fernsehserie
von Brenda Hampton

Romanfassung von Amanda Christie

Aus dem Amerikanischen
von Antje Görnig

vgs

Bibliografische Information Der Deutschen Bibliothek
Die Deutsche Bibliothek verzeichnet diese Publikation
in der Deutschen Nationalbibliografie;
detaillierte bibliografische Daten sind im Internet über
http://dnb.ddb.de abrufbar.

Das Buch »Eine himmlische Familie – Ein Ausflug mit Folgen«
entstand nach der gleichnamigen Fernsehserie
(Orig.: 7th *Heaven*) von Brenda Hampton,
produziert von Spelling Television,
ausgestrahlt bei Vox.

Erstveröffentlichung bei Random House, Inc., New York, 2001.
Titel der amerikanischen Originalausgabe:
7th *Heaven. Learning the Ropes.*

Produktion: Wolfgang Arntz
Umschlaggestaltung: Sens, Köln
Senderlogo: © Vox 2003
Titelfoto: © Spelling Television 2003
Satz: Kalle Giese, Overath
Druck: Clausen & Bosse, Leck
Printed in Germany
ISBN 3-8025-3225-2

1

Lucy Camden stand vor ihrem offenen Kleiderschrank und runzelte die Stirn. Wo habe ich nur die vielen Klamotten her?, fragte sie sich.

»Als ob du dem Präsidenten begegnen würdest«, bemerkte Mary gelangweilt.

Lucy drehte sich zu ihrer großen Schwester um, die aus Buffalo zu Besuch gekommen war. Sie lag auf ihrem alten Bett und blätterte in einer Zeitschrift.

»Wir gehen immerhin am Samstagabend auf den Präsidentenball!«

Mary schnaubte. »Als hätte der Präsident der Vereinigten Staaten Zeit dafür, sich mit einem Haufen übereifriger Teenies von der Highschool zu treffen!«

Lucy ignorierte die Bemerkung ihrer Schwester und begutachtete die Kleidungsstücke, die sie auf ihr Bett gelegt hatte. Sie musste sich entscheiden, was sie mitnehmen wollte. Die Schülergerichts-AG brach auf Einladung von Rachel Keims, der kalifornischen Senatorin, an diesem Tag zu einer Reise nach Washington D. C. auf. Die Senatorin und Lucys Schuldirektorin Ms. Russell waren alte College-Freundinnen.

»Du fährst doch nur für drei Tage weg«, sagte Mary und blickte auf den Kleiderberg. »Da brauchst du doch nicht so viele Klamotten.«

»Es geht nicht um die Menge«, entgegnete Lucy. »Es geht darum, was ich überhaupt mitnehme.«

Sie nahm eines der Kleider vom Bett und hielt es sich vor den Körper, um sich im Spiegel zu betrachten.

»Was hältst du davon?«, fragte sie.

Mary betrachtete Lucys Spiegelbild. »Sehr hübsch«, sagte sie.

Lucy warf das Kleid wieder zu den anderen aufs Bett. »Vielen Dank! Das hast du bei den anderen auch gesagt!«

Lucys neuer Trolley, den die Eltern ihr extra für diese Reise gekauft hatten, lag am Kopfende des Betts. Er war zwar klein genug, damit er auch unter einen Flugzeugsitz oder in die Gepäckablage passte, aber es ließ sich trotzdem eine Menge darin unterbringen. Und man musste ihn nicht schleppen, denn er hatte Rollen und einen ausziehbaren Griff.

Obwohl Lucy in diesen Trolley viel mehr hineinbekam als in ihre alte Reisetasche, erschien ihr der Stauraum immer noch nicht ausreichend.

»Es sind übrigens vier Tage«, bemerkte sie und betrachtete den Kleiderhaufen auf ihrem Bett.

»Was?«, fragte Mary.

»Die Reise«, entgegnete Lucy. »Wir werden vier Tage unterwegs sein.«

»Vier Tage, was ist das denn für eine Rechnung! Heute ist Donnerstag, oder? Und am Sonntag kommst du schon wieder nach Hause!«

Lucy schloss die Augen. Warum fiel es ihr nur so schwer, sich zu entscheiden? Normalerweise hatte sie damit nicht solche Probleme.

Man lernt halt nicht jeden Tag eine echte Senatorin kennen, sagte sie zu sich. Außerdem hatte sie ein ernstes Anliegen mit ihr zu diskutieren.

Entschlossen schnappte sie sich eines der Kleider vom Bett, legte es zusammen und verstaute es im Koffer.

Na also!, dachte sie.

»Vier Tage«, sagte sie zu ihrer Schwester. »Donnerstag, Freitag, Samstag, Sonntag. Das sind vier Tage!«

Mary verdrehte die Augen. »Ja, aber ihr reist Sonntagmorgen schon wieder ab. Außer dem Heimflug habt ihr doch dann gar kein Programm mehr!«

»Man kann nie wissen, wem man auf dem Flughafen begegnet«, erwiderte Lucy. »Besonders in Washington D.C.!«

In diesem Augenblick hörten sie ihre Mutter von unten rufen. »Mary! Lucy! Simon! Ruthie! Frühstück ist fertig!«

Lucy seufzte. Wie sollte sie nur rechtzeitig mit dem Packen fertig werden?

Simon stand unterdessen im Badezimmer vor dem Spiegel. Prüfend begutachtete er seinen Kopf. Immer noch nicht ganz perfekt, dachte er und kniff die Augen zusammen. Er griff erneut zu seinem Haargel, spritzte sich einen Klecks in die Hand und verteilte es sich im Haar.

Schon besser, dachte er. Grinsend zeigte er auf sein Spiegelbild. Cooler Typ!

Er trat ein paar Schritte zurück, um sich in seiner ganzen Größe anzusehen. Dann drehte er sich zur Seite und schob die Hände in die Hosentaschen. Als er dabei auf sein Portmonee stieß, runzelte er die Stirn.

Er war nun in der neunten Klasse und auf der Schule wimmelte es regelrecht von neuen Mädels, die älter waren als er und nur darauf warteten, dass ihnen der Richtige über den Weg lief. Simon zeigte noch einmal auf sein Spiegelbild und blinzelte sich zu. Keine Frage, dieser Richtige war er! Allerdings spielten diese Mädchen zweifelsfrei auch in einer ganz anderen Liga, als er das bisher getan hatte.

Simon betastete nachdenklich seine Geldbörse. Er brauchte unbedingt mehr Kohle, und zwar schnell!

In diesem Augenblick hörte er, wie seine Mutter die Familie an den Frühstückstisch rief.

Er warf einen letzten prüfenden Blick in den Spiegel, bevor er das Badezimmer verließ und zur Treppe ging. Als er um die Ecke bog, wäre er um ein Haar mit seinem großen Bruder zusammengestoßen, der mit Riesensätzen die Stufen hinaufgepoltert kam.

»Wow! Was machst du denn hier?«, fragte Simon ihn überrascht. Matt hatte mittlerweile seine eigene Wohnung am anderen Ende der Stadt und arbeitete im Krankenhaus.

»Ähm …«, setzte Matt an.

Er trug seine Arbeitsklamotten, fiel Simon auf, und er grinste. »Bist du auf 'ne schnelle Dusche vorbeigekommen?«, fragte er.

Matt blickte verlegen drein. »Ich bin heute Morgen ein bisschen spät aufgestanden ...«

»Wie immer!«, unterbrach ihn Simon und schüttelte den Kopf. Das Haus der Camdens lag näher am Krankenhaus als Matts Wohnung und wenn Matt eine Pause hatte, schaute er manchmal bei seiner Familie vorbei.

»Ich muss in zehn Minuten wieder auf der Arbeit sein, wenn du also gestatten würdest?«, drängte er.

Simon machte eine schwungvolle Geste Richtung Badezimmer. »Bitte sehr! Fühl dich wie zu Hause!«, entgegnete er.

»Danke«, sagte Matt und eilte an Simon vorbei.

»Moment, warte mal!«, rief sein kleiner Bruder ihm hinterher.

Matt blieb stehen. »Ja?«, fragte er.

»Ich brauche einen brüderlichen Rat von dir«, erklärte Simon.

Matt sah auf seine Uhr. »Okay, aber mach schnell!«

Simon erzählte Matt von seinem Geldproblem. »Hast du vielleicht eine Idee?«

Matt verschränkte die Arme vor der Brust und tat so, als dächte er nach. »Mal überlegen ... Au, ich weiß was! Wie wäre es mit einem Job?«

Simon runzelte die Stirn. »Sehr witzig!«, entgegnete er. »Ich bin erst vierzehn, falls dir das entgangen ist. Es gibt in diesem Land Gesetze gegen Kinderarbeit.«

Matt sah wieder auf die Uhr. »Hör mal, Simon, als ich in deinem Alter war, hab ich mir meine Kohle mit Rasenmähen verdient.«

Simon zog die Augenbrauen hoch. »Mit Rasenmähen?«

Matt zwinkerte ihm zu. »Bis später!«, sagte er und hastete auf die Badezimmertür zu.

Warum bin ich nicht selbst darauf gekommen?, dachte Simon. Rasenpflege war eine durch und durch männliche Angelegenheit. Man hatte Zeit für sich und konnte draußen in der Natur über die großen Rätsel der Welt nachdenken. Keine schlechte Idee! Und er hatte auch schon den perfekten Slogan für seine neue Firma: »Mein Gras grünt am grünsten!«

Höchst zufrieden mit sich lief Simon beschwingt die Treppe hinunter.

Nach dem Frühstück luden Mary und Simon Lucys Gepäck ins Auto, wobei sie die ganze Zeit lautstark darüber meckerten, wie schwer es war. Reverend Camden und seine Frau nahmen Lucy in die Arme und gaben ihr einen Kuss. »Gib gut auf dich Acht«, sagte ihre Mutter, »aber hab vor allem viel Spaß! Ich bin sehr stolz auf dich!«

»Danke, Mom«, entgegnete Lucy. »Ich muss gestehen, ich bin ein bisschen nervös. Ich hoffe, ich habe die richtigen Sachen eingepackt.«

Der Reverend lächelte. »Da musst du dir nicht die

geringsten Sorgen machen. Es spielt keine Rolle, was du anhast, denn deine Intelligenz und dein soziales Engagement sind nicht zu übersehen. Das wird auch der Senatorin auffallen. Wie ich gehört habe, ist sie eine sehr kluge Frau. Und genauso klug ist eine junge Dame, die ich sehr gut kenne.«

Lucy lächelte verlegen. »Danke, Dad!«, sagte sie.

»Ich will dir noch ein kleines Geheimnis anvertrauen«, entgegnete ihr Vater. »Ich bin viel nervöser wegen dieser Reise als du.«

Lucy zog eine Augenbraue hoch und sah ihn fragend an.

»Ich meine das ernst!«, rief der Reverend. »Es fällt mir schwer, mich damit anzufreunden, dass du diese Reise ganz allein machst.«

»Ich bin mit einer ganzen Gruppe unterwegs«, erwiderte Lucy. »Und mit Ms. Russell und Mr. Truscott.«

»Wissen wir doch«, entgegnete Mrs. Camden. »Deshalb lassen wir dich ja auch gehen. Aber sei trotzdem vorsichtig, ja?«

Lucy grinste ihre Eltern an. »Natürlich«, entgegnete sie. »Bin ich das nicht immer?«

Da ertönte die Autohupe. »Wir müssen los!«, rief Mary, die bereits hinter dem Steuer saß.

»Rettung durch den Gong«, bemerkte der Reverend.

Lucy lachte und umarmte ihre Eltern noch ein letztes Mal, bevor sie zum Wagen eilte.

»Ruf an, wenn du angekommen bist!«, rief Mrs. Camden ihr nach.

»Mache ich!«, gab Lucy zurück und kletterte rasch auf den Beifahrersitz. Plötzlich verspürte sie eine solche Aufregung und Vorfreude, dass sie das Gefühl hatte, sie würde jeden Augenblick platzen vor Glück.

Jetzt geht es los!, dachte sie. Endlich ist es so weit!

2

»Lucy!«

Lucy drehte sich um und entdeckte ihre Freundin Meghan Stevens, die ihr fröhlich zuwinkte. Ihr Vater hievte gerade ihre Tasche aus dem Kofferraum seines Wagens.

Lucy grinste. Nachdem Mary sie auf dem Parkplatz der Schule abgesetzt hatte, war sie sehr nervös geworden, aber als sie ihre Freundin erblickte, entspannte sie sich. Meghan winkte ihrem Vater zum Abschied, hängte sich die schwere Reisetasche über die Schulter und wankte damit auf Lucy zu.

Offenbar bin ich nicht die Einzige, die zu viel eingepackt hat, dachte Lucy erleichtert.

»Hi!«, sagte Meghan grinsend.

»Hi!«, entgegnete Lucy und grinste zurück. Sie und Meghan waren schon seit Ewigkeiten befreundet. Sie hatten sich beim Fußball kennen gelernt, in der Liga der Unter-Acht-Jährigen, und waren in der Grund- und Mittelschule gute Freundinnen geblieben. In der Highschool hatten sie sich zunächst ein wenig aus den Augen verloren, weil sie beide neue Leute kennen gelernt und mit jeweils anderen Cliquen herumgehangen hatten.

Als sich Meghan dann jedoch auch der Schülergerichts-

AG angeschlossen hatte, waren sie und Lucy dickere Freundinnen geworden als je zuvor. Lucy freute sich sehr darüber, denn Meghan war clever und sehr witzig.

»Nettes Köfferchen!«, bemerkte Meghan und stöhnte. »Ich glaube, meine Tasche wird mich umbringen.«

Lucy lachte und bahnte sich mit ihrer Freundin einen Weg durch die Menge vor dem Schultor.

»Bist du wenigstens genauso nervös wegen der Reise wie ich?«, fragte Lucy.

»Soll das ein Witz sein?«, entgegnete Meghan. »Ich glaube, ich habe die ganze Nacht nicht geschlafen. Und meine Mutter hat nur damit genervt, dass sie sich Sorgen macht, weil ich allein fliege. Ich hab ihr erklärt, dass ich gar nicht allein fliege, sondern mit zwanzig anderen Jugendlichen – von Ms. Russell und Mr. Truscott mal ganz abgesehen.«

»Hm-hm«, machte Lucy verständnisvoll. »Und?«

Als Antwort schüttelte Meghan nur den Kopf und sie mussten beide lachen.

»Wie war es mit deinen Eltern?«, fragte Meghan. »Ach, warte mal, lass mich raten! Sie sind natürlich ganz cool damit umgegangen. Reverend Camden und seine Gattin – ganz die perfekten Eltern!«

Lucy verpasste ihrer Freundin zwar nur einen leichten Stoß in die Rippen, aber Meghan geriet mit ihrer schweren Tasche aus dem Gleichgewicht. Taumelnd stieß sie mit einem kleinen Jungen aus der untersten Klasse zusammen.

»Pass auf, du Hohli!«, knurrte Meghan ihn an.

Der Junge zog den Kopf ein und machte sich eilends vom Acker.

Lucy runzelte die Stirn. »Armer Kerl«, sagte sie. »Du musstest ihn doch nicht so erschrecken!«

»Hey!«, sagte Meghan, »wenn einer von den Anfängern mit mir zusammenstößt, ist es ganz ohne Frage sein Fehler!«

»Stimmt, da hast du Recht«, entgegnete Lucy. »Das ist nur zu logisch.«

»Allerdings!«, sagte Meghan und sie gingen den Flur hinunter. »Mensch, Lucy, wir werden so viel Spaß haben! Es ist kaum zu glauben! Washington D. C.! Ganz ohne Eltern und kleine Geschwister!«

»Hm-hm«, machte Lucy.

Meghan sah ihre Freundin an. »Du denkst doch nicht etwa immer noch daran ... Oh nein, Lucy, du willst die Senatorin doch nicht im Ernst auf *Heimstätten für Menschlichkeit* ansprechen, oder?«

Lucy sah ihre Freundin schweigend an. Meghan verdrehte die Augen. »Kein Wunder, dass du so nervös bist! Hör mal, wenn Ms. Russell davon wüsste, würde sie dich gar nicht mitfahren lassen.«

»Es ist aber wichtig«, entgegnete Lucy. »Irgendjemand muss doch was tun. Wenn ich schon mal da bin, muss ich es wenigstens versuchen.«

Meghan lächelte. »Ich weiß«, sagte sie nur.

Endlich hatten sie den kleinen Raum erreicht, in dem sich die Schülergerichts-AG zweimal wöchentlich versammelte. Die Tür stand offen. Drinnen herrschte ein Chaos, wie Lucy es noch nicht erlebt hatte. An einer Wand waren jede Menge Taschen und Koffer aufgetürmt und ihre Mitschüler und Mitschülerinnen saßen überall auf den Tischen.

»Hi, Lucy!«, rief Sean McCormack. »Schön, dass du auch schon kommst!«

Lucy streckte ihm die Zunge heraus und Sean lachte. Er spielte in der Football-Mannschaft und das war nicht zu übersehen. Lucy hatte keine Ahnung, wie er es schaffte, seinen gewaltigen Körper hinter die kleinen Schreibtische zu zwängen, mit denen die Klassenräume bestückt waren.

Tyler Reynolds saß hinter Sean und las wie gewöhnlich in einem Buch. Tyler war ein langer, schlaksiger Kerl und hatte, soweit Lucy informiert war, noch nie in seinem Leben einen Ball angefasst.

Er lächelte träge. »Na so was!«, sagte er. »Wenn das nicht Dick und Doof sind!«

Alle lachten und Meghan funkelte ihn böse an. »Hör mal, Alter«, erwiderte sie, »deine unpassenden Vergleiche kannst du dir sparen!«

»Ooooh!«, raunten alle im Chor.

Tyler zuckte nur mit den Schultern. »Woher wusstest du, dass ich euch gemeint habe?«

Die ganze Meute lachte. Lucy suchte fieberhaft nach einer schlagfertigen Antwort, als sich plötzlich hinter ihnen jemand räusperte.

Meghan sah über ihre Schulter. »Oh, *guten* Morgen, Shannon«, flötete sie. »Das tut mir aber Leid! Stehen wir dir vielleicht im Weg?«

Hinter ihnen stand ein sportliches Mädchen mit sonnengebleichten blonden Haaren, die zu einem Zopf geflochten waren, und hatte ein Lächeln ohne jede Freundlichkeit im Gesicht. »Meghan, du hast nicht das Zeug dazu, mir im Weg zu stehen«, entgegnete sie von oben herab.

Wieder ging ein Raunen durch die Reihen.

Als sich Shannon durch die Tür drängte, sagte sie noch: »Morgen, Camden!«

»Morgen, Forester«, antwortete Lucy zurückhaltend. Sie kannte Shannon nicht sehr gut, aber sie traute ihr nicht. Shannon war sehr ehrgeizig und ging ohne Rücksicht auf Verluste vor, um zu bekommen, was sie wollte. Sie spielte in der Hockey-Schulmannschaft und es ging das Gerücht um, die Spielerinnen der gegnerischen Teams hätten Angst vor ihr. Sie hielten, wenn es eben ging, Abstand zu ihr und das war nach Lucys Einschätzung eine ganz sinnvolle Maßnahme.

Da räusperte sich erneut jemand hinter ihnen. Diesmal war es Ms. Russell, die sowohl die Direktorin der Schule war als auch die für die Gerichts-AG zuständige Lehrerin. Neben ihr stand Mr. Truscott, der Geschichtslehrer.

»Guten Morgen, die Damen«, sagte Ms. Russell. »Wollen Sie heute mitfahren oder …«

Meghan schnappte sich Lucys Arm und zog sie in den Raum. »Wir sind schon da!«, entgegnete sie rasch.

»Prima«, sagte Ms. Russell und betrat mit forschen Schritten hinter ihr das Zimmer. Mr. Truscott grinste Meghan und Lucy an und trottete hinter seiner Kollegin her.

»Okay, alle mal zuhören!«, rief Ms. Russell. »Ruhe bitte! Das Flugzeug wartet nicht!«

Die ganze Klasse jubelte und zwei Jungen sprangen auf und klatschten sich ab. Ms. Russell sah die beiden streng an und begann, die Anwesenheitsliste durchzugehen. Lucy ließ ihren Blick durch den Raum schweifen. Insgesamt waren sie ungefähr zwanzig, aber bei den Gerichtsversammlungen waren natürlich nie so viele auf einmal anwesend. Lucy nahm an, viele hatten sich dem Schülergericht nur angeschlossen, weil sich die Teilnahme wie alle anderen freiwilligen Aktivitäten gut in der Bewerbung fürs College machte.

Erneut ließ sie ihren Blick über die Mitschüler und Mitschülerinnen wandern. Sie mochte eigentlich alle – oder respektierte sie zumindest. Obwohl sie recht unterschiedlich waren, würden jedoch fast alle von ihnen, wie Lucy glaubte, später auf irgendein College gehen. Und die meisten legten sich auch ziemlich ins Zeug, um von einer guten Uni angenommen zu werden, beteiligten sich an vielen Aktivitäten und machten sich Sorgen um ihre Noten. Lucy fragte sich, ob auch nur einer oder eine von ihnen wirklich wusste, wofür sie das alles taten.

Ms. Russell rief Shannon auf, die sich kurz meldete und wieder in ihren Kalender schaute. Von der ganzen Truppe war Shannon wahrscheinlich die Schlimmste – oder die Beste, dachte Lucy, je nachdem, wie man es sehen wollte. Sie war im Unterricht genauso ehrgeizig wie beim Hockey und niemand war mit so viel Konzentration und Energie bei der Sache wie sie. Schon seit Mitte des zweiten Jahres in der Highschool rangierte sie unter den Top Ten des Jahrgangs und Lucy hatte gehört, sie wolle unbedingt die Abschiedsrede bei der Entlassungsfeier halten.

Neben Shannon saß Stacey Anderson. Stacey war sehr hübsch und hatte welliges blondes Haar. Sie war Shannons einzige Freundin in der Gruppe. Aber sie war ganz anders als Shannon und daher fragte sich Lucy, wie gut die beiden wohl wirklich miteinander befreundet waren. Sie hatte die beiden noch nie in ein Gespräch vertieft gesehen – ganz im Gegenteil: Sie redeten eigentlich kaum miteinander.

Lucy zuckte zusammen, als Tyler ihr unvermittelt einen Rippenstoß verpasste.

»Was ist?«, raunte sie.

Tyler ließ seinen Blick nach vorn wandern. Lucy sah auf und merkte, wie Ms. Russell sie anstarrte – und alle anderen Anwesenden ebenfalls.

»Camden?«, fragte Ms. Russell. Ihre Miene war ernst, aber ihre Augen lachten.

Lucy errötete. »Hier!«, rief sie.

Die ganze Klasse explodierte vor Lachen und Sean brüllte mit ein paar Freunden im Chor: »Camden! Camden! Camden!«

»In Ordnung«, sagte Ms. Russell.

Meghan lächelte Lucy mitleidig an. »Wirklich fix!«, bemerkte sie nur.

»Ich habe nachgedacht!«, protestierte Lucy.

Ms. Russell legte die Anwesenheitsliste zur Seite und dann ging Mr. Truscott noch einmal ganz detailliert den Ablauf der Reise mit ihnen durch. Jeder Teilnehmer besaß einen ganzen Packen Papiere mit dem Programm und auch die Eltern hatten Kopien bekommen.

»Warum müssen die den ganzen Kram immer hundertmal erklären, wo wir doch alles schwarz auf weiß haben?«, murrte Tyler vor sich hin. »Halten die uns für blöd?«

»Könnte man ihnen nicht verdenken«, bemerkte Meghan und nickte in Richtung der beiden Jungs vor ihr, die sich heimlich unter dem Tisch mit den Beinen behakten und dabei ganz ernste Gesichter machten.

»Stimmt«, entgegnete Tyler. »War mir entgangen.«

Endlich war es so weit und Mr. Truscott gab das Okay zum Aufbruch. Alle sprangen auf und sammelten ihre Siebensachen zusammen.

Auch Lucy, Tyler und Meghan holten sich ihr Gepäck und eilten mit den anderen zur Tür hinaus. Tylers Tasche sah ziemlich leicht aus, fand Lucy. Er schien fast nichts eingepackt zu haben.

»Hör mal, wir fahren schließlich für vier Tage weg!«, sagte sie zu ihm.

»Eigentlich sind es nur drei«, entgegnete er.

»Jungs haben es viel leichter, wenn es um Klamotten geht«, bemerkte Meghan, die vom Gewicht ihrer Tasche schier erdrückt wurde.

Tyler grinste. »Gerade im Moment ganz besonders, scheint mir«, neckte er sie.

An dem Bus angekommen, der für sie bereitstand, verstauten alle ihr Gepäck und kletterten hinein. Ms. Russell schritt rasch den Mittelgang entlang und zählte noch einmal durch.

»Okay!«, rief sie dann von hinten dem Fahrer zu. »Wir sind startklar!«

Ein Jubelschrei ging durch den Bus, als er den Schulparkplatz verließ.

3

Simon hatte in der Schule den ganzen Morgen damit verbracht, über sein Geldproblem nachzudenken. Die Geschäftsidee mit dem Rasenmähen war ein echter Schuss in den Ofen, denn er hatte dabei ein wichtiges Detail übersehen: Seine Eltern besaßen gar keinen Rasenmäher!

Er musste sich etwas Neues ausdenken. Zunächst benötigte er jedoch seine ganze Aufmerksamkeit, um den älteren Jungen im Schulflur auszuweichen. Sie waren unglaublich groß und hatten die nervige Angewohnheit, ihn ständig anzurempeln, als wäre er unsichtbar.

Mit seinem Freund Samuel drückte er sich an einer Gruppe vorbei, die den Korridor versperrte. Als sie die Rüpel hinter sich gelassen hatten, warf Simon ihnen einen bösen Blick über die Schulter zu.

»Hey!«, meinte Samuel. »Wenn die das sehen, kannst du was erleben!«

»Als wenn sie uns lange genug angucken würden, um es überhaupt zu bemerken«, entgegnete Simon.

»Auch wieder wahr«, sagte Samuel. »Aber ich würde mich trotzdem vorsehen.«

»Wie du bereits sagtest«, erwiderte Simon.

Samuel nickte. »Ich habe übrigens die Lösung für dein Geldproblem. Day-Trading!«

»Day-Trading?«, fragte Simon. »Was ist das denn?«

»Du handelst den ganzen Tag mit Aktien und Wertpapieren«, erklärte Samuel. »Das ist total einfach. Dazu brauchst du bloß einen Computer und einen Internet-Zugang. Du kannst dich direkt in den Börsenhandel einschalten, zu niedrigen Preisen kaufen und teurer weiterverkaufen und so ein Heidengeld machen! Mein Onkel hat sogar seinen normalen Job aufgegeben und handelt nur noch mit Aktien.«

»So einfach ist das?«, staunte Simon.

»So einfach ist das«, bestätigte Samuel.

Einen Augenblick lang war Simon sprachlos. Das war ja *die* Idee! Innerhalb von ein paar Wochen konnte er Millionär werden! Und dazu brauchte er nur einen Computer ...

Simon traf es wie ein Keulenschlag. Wo sollte er einen Computer hernehmen? Es war genau wie mit dem Rasenmähen: Er brauchte erst einmal Startkapital, um überhaupt Geld verdienen zu können.

Er besprach das Problem mit Samuel, während sie im großen Bogen einer weiteren Gruppe von Jungen aus dem Abschlussjahrgang auswichen.

»Du brauchst also einen Job«, erklärte Samuel, »den du sofort machen kannst, ohne jede Ausrüstung oder so. Einen Job, für den du alle Fähigkeiten mitbringst.«

»Korrekt«, entgegnete Simon.

Samuel zuckte mit den Schultern. »Wie wäre es mit Babysitten?«

Simon blieb wie angewurzelt stehen und starrte seinen Freund ungläubig an. »Babysitten? Das meinst du ja wohl hoffentlich nicht ernst!«

Samuel ging weiter. »Was ist denn schon dabei? Meine Schwester macht das ständig.«

»Ja, deine *Schwester*«, entgegnete Simon und beeilte sich, Samuel einzuholen. »Würdest du etwa gern den Freitagabend damit verbringen, auf kleine Kinder aufzupassen?«

»Hey«, sagte Samuel, »das steht doch gar nicht zur Debatte. Ich bin nicht derjenige, der Geld braucht. Ein Mann muss tun, was er tun muss, oder?«

Simon seufzte. »Na ja, mir bleibt wohl nichts anderes übrig.«

Samuel grinste. »Und Babysitten ist zumindest ein Job, mit dem du sofort anfangen könntest. Du bringst ja jede Menge Erfahrung mit, so oft, wie du auf Ruthie aufgepasst hast.«

Simon stöhnte gequält. »Ja, und zwar ganz umsonst«, bemerkte er.

»Dann wird es Zeit, dass du anfängst, damit auch mal ein bisschen Geld zu verdienen«, sagte Samuel.

Sein Freund hatte Recht, musste Simon sich eingestehen. Babysitten war ein Job, den er tatsächlich machen konnte, und zwar sofort. Ich muss es ja nicht ewig machen, nur so lange, bis ich genug für einen billigen gebrauchten Computer zusammengespart habe. Und dann kommt das große Geld!

»Ja«, entgegnete er und erwärmte sich allmählich für die Idee. »Ich komme doch gut mit kleinen Kindern klar und sie mögen mich, stimmt's?«

»Stimmt«, bestätigte Samuel.

»Und nach den Erfahrungen mit Ruthie muss das Aufpassen auf andere Kinder das reinste Honigschlecken sein.«

»Stimmt«, sagte Samuel wieder.

»Ich meine«, fuhr Simon fort, »es ist zwar kein richtiger Männerjob wie Rasenmähen ...«

»Hm-hm«, machte Samuel.

»... aber Babysitten ist ziemlich einfach. Nicht so schweißtreibend. Schnell die Kinder ins Bett bringen und den Rest des Abends fernsehen.«

»Ja, genau«, sagte Samuel.

»Ja ...«, überlegte Simon laut. »Ja, das könnte funktionieren. Danke, Samuel!«

»Keine Ursache«, entgegnete sein Freund.

Jetzt muss ich also nur noch ein paar Kunden finden, dachte Simon. Dann grinste er und rieb sich die Hände. Es war an der Zeit, dass Ruthie sich für die vielen Stunden Gratis-Babysitten bei ihm revanchierte!

4

Nach einer langen Fahrt setzte der Bus Lucys Reisegruppe am Flughafen von Los Angeles ab.

Mr. Truscott überprüfte noch einmal auf einem der Monitore in der Halle die Abflugzeit. Dann stellten sie sich alle vor der Sicherheitskontrolle in die Schlange.

Ein paar Jungen wollten den Alarm auslösen, indem sie einem von ihnen ihre sämtlichen Schlüssel und alles Kleingeld in die Hosentaschen stopften, aber Mr. Truscott erwischte sie, bevor sie an der Reihe waren. Leise und eindringlich redete er auf sie ein und Lucy beobachtete, wie die Gesichter der Übeltäter langsam knallrot anliefen.

»Die ersten Reiseunannehmlichkeiten«, murmelte Tyler.

Meghan unterdrückte ein Lachen. Die Schlange bewegte sich vorwärts und Lucy ging durch den Metalldetektor.

Dann begann der lange Weg zu ihrem Flugsteig.

Während sie gingen und gingen und gingen, dankte Lucy ihren Eltern im Geiste mindestens hundertmal für ihren Koffer auf Rädern.

An ihrer Seite mühte Meghan sich schnaufend ab. Sie geriet ins Stolpern und rempelte Lucy an. »'tschuldigung!«, keuchte sie.

Lucy griff rasch nach ihrem Arm, um sie zu stützen. Plötzlich rauschte Tyler heran.

»Darf ich Ihnen vielleicht die Tasche abnehmen, meine Dame?«, bot er galant an.

»Warum fragst du erst jetzt?«, entgegnete Meghan erleichtert.

Sie blieben stehen und Tyler lud sich Meghans Tasche auf die Schulter. Er ächzte überrascht.

»Die Dame reist mit viel Gepäck«, bemerkte er.

»Ja«, sagte Meghan nur, denn sie war viel zu erschöpft für einen Schlagabtausch.

Als sie endlich an ihrem Flugsteig ankamen, ließen sich alle in die Stühle fallen, während Mr. Truscott an den Schalter ging.

»Die Senatorin ist bestimmt sehr nett«, sagte Stacey. »Ich kann es gar nicht erwarten, sie kennen zu lernen!«

»Und ich wette, sie ist der reinste Eisblock«, erwiderte Sean. »Was glaubst du denn, wie sie dahin gekommen ist, wo sie ist? Bestimmt nicht mit Nettsein, so viel ist sicher!«

»Ich weiß nicht«, sagte Meghan. »Sie hat doch Kinder, oder? Sie mag ja in ihrem Job knallhart sein, aber was Kinder angeht, ist sie doch bestimmt kein Eisblock.«

»Bei ihren eigenen vielleicht nicht«, entgegnete Sean. »Aber wer sind wir denn schon?«

»Zukünftige Wähler und Wählerinnen«, warf Lucy ein.

Sean verdrehte die Augen. »Als würde sie das kümmern!«, sagte er.

»Natürlich kümmert sie das«, erwiderte Lucy.

»Der einzige Grund, warum wir sie überhaupt treffen,

ist, dass sie und Ms. Russell alte Freundinnen sind«, sagte Sean. »Wir sind ihr wirklich völlig egal.«

»Du bist vielleicht ein Zyniker, Sean!«, bemerkte Tyler.

»Mag schon sein«, entgegnete Sean. Er beugte sich vor und senkte seine Stimme. »Aber weißt du was? Ich bin nicht nur ein Zyniker, ich bin vor allem Realist.«

»Oh, um Himmels willen!«, stöhnte Meghan. »Du hast doch hoffentlich nicht bei allem so eine Einstellung, oder?«

Bevor Sean antworten konnte, schaltete sich Shannon ein: »Doch, hat er!«

Alle drehten sich zu ihr um. Sie saß neben Stacey und hatte ein aufgeschlagenes Buch auf dem Schoß liegen.

»Und du wohl auch, was?«, gab Meghan zurück.

Shannon zuckte mit den Schultern. »Es ist vielleicht nicht schön, aber so ist es nun mal.«

»Aber die Senatorin ist auch nur ein Mensch«, bemerkte Lucy. »Sie ist nicht anders als wir alle.«

Shannon sah auf. »Ach, komm schon, Camden«, sagte sie. »Sei doch nicht so naiv!«

Lucy spürte, wie sie rot wurde. Sie wollte gerade antworten, da schaltete sich der Lautsprecher ein und eine freundliche Stimme säuselte: »Guten Tag, mein Damen und Herren! Wir heißen Sie herzlich willkommen zu Flug Nummer 361 nach Washington D. C.!«

Die Kids sprangen auf. Lucy folgte ihren Freunden zum Flugsteig, während Mr. Truscott die Bordpässe verteilte. Alle schnatterten aufgeregt durcheinander, nur Lucy war tief in Gedanken versunken.

Hatten Sean und Shannon etwa Recht? Lucy hatte sich zwar Sorgen wegen ihres geplanten Gesprächs mit der Senatorin gemacht, aber bis zu diesem Zeitpunkt hatte sie zumindest angenommen, die Senatorin würde interessieren, was sie zu sagen hatte.

Und wenn es sie vielleicht wirklich überhaupt nicht interessiert? Plötzlich nagten Zweifel an ihr.

Im Flugzeug fanden Meghan und Lucy rasch ihre Plätze in der Außenreihe am Fenster.

Shannon saß gleich in der Nähe. Lucy beobachtete, wie ihr Zopf zur Seite flog, als sie herzlich über etwas lachte, das Stacey gesagt hatte. Lucy verspürte einen spontanen Anfall von Missgunst. Wie kann sie so resigniert daherreden, dachte sie, und trotzdem noch so gut gelaunt sein?

Lucy verzog das Gesicht und bemühte sich, ihre Gefühle zu unterdrücken, aber eine leise Stimme in ihrem Inneren wollte einfach keine Ruhe geben. Unruhig rutschte sie auf ihrem Sitz hin und her.

»Nervös?«, fragte Meghan.

Lucy lächelte ihre Freundin zaghaft an. »Ein bisschen«, gab sie zu.

Meghan nahm ihre Hand und drückte sie ganz fest. »Lucy, habe ich irgendeine Chance, dir deinen Plan auszureden? Das mit der Senatorin, meine ich.«

»Natürlich nur zu meinem Besten, nicht wahr?«, entgegnete Lucy lächelnd.

»Natürlich! Ich meine, ich glaube einfach nicht ...«

Lucy schüttelte den Kopf. »Ich könnte es mir nie verzeihen, wenn ich es bei so einer Gelegenheit nicht wenigstens versuchen würde. *Heimstätten für Menschlichkeit* ist eine ganz wichtige Sache, die unbedingt finanzielle Unterstützung von der Regierung benötigt. Ich meine, was denken die sich denn eigentlich? Es gibt bestimmt jede Menge Maßnahmen, die von der Regierung finanziert werden und nicht annähernd so wertvoll sind wie unsere Initiative. Habe ich dir schon erzählt, dass uns die Nägel ausgegangen sind und uns das Geld fehlt, um neue zu kaufen?«

Meghan nickte.

»Ich meine, das ist doch lächerlich! Wir bauen Häuser und uns gehen die Nägel aus!« Lucy schüttelte den Kopf. »Mir persönlich könnte das natürlich egal sein«, fuhr sie fort. »Ich habe ja schon ein Zuhause. Aber was ist mit den Leuten, die in den Obdachlosenheimen oder sogar auf der Straße leben und darauf warten, dass ihre neue Bleibe fertig wird? Sollen wir denen etwa sagen, wir können nicht weitermachen, weil uns die Nägel fehlen?«

»Ich weiß«, sagte Meghan. »Aber ...«

»Schon gut«, fiel ihr Lucy ins Wort. »Ich werde ganz diplomatisch vorgehen. Ich bin sicher, die Senatorin versteht, wie wichtig es ist.«

»Das hoffe ich«, meinte Meghan.

»Alles klar bei euch da drüben?«, fragte Tyler von der anderen Seite des Mittelgangs.

»Kümmer dich um deinen eigenen Kram«, entgegnete Meghan. »Wir haben alles unter Kontrolle.«

»Okay, okay«, sagte Tyler, machte es sich in seinem Sitz bequem und legte den Sicherheitsgurt an. »Dann auf in den blauen Himmel!«

Die Mädchen lachten. Und eh sie sich versahen, rollte das Flugzeug auch schon zur Startbahn und es ging los.

Vier Stunden später informierte der Kapitän die Fluggäste über Lautsprecher, dass er den Sinkflug eingeleitet hatte und sie bald auf dem Dulles International Airport landen würden. Tyler verließ seinen Platz und quetschte sich neben Lucy. Gemeinsam mit Meghan spähten sie gespannt aus dem Fenster.

Zuerst sahen sie nur einen weißen Teppich. Aber dann ließen sie die bauschigen Wolken hinter sich und das glitzernde blaue Wasser des Potomac River und die Alabaster-Gebäude von Washington D. C. kamen in Sicht.

»Bald sind wir da unten!«, jubelte Lucy. »Ich kann es gar nicht erwarten, das Repräsentantenhaus und den Senat zu besichtigen!«

»Du warst schon immer eine Streberin«, bemerkte Tyler und ging wieder an seinen Platz. »Ich will mir nur den Obersten Gerichtshof ansehen, da werde ich nämlich eines schönen Tages arbeiten!«

»Als Nachtwächter, oder was?«, fragte Meghan.

»Für dich immer noch ›Überwachungsingenieur‹«, gab Tyler zurück.

»Wollt ihr euch mal wieder beruhigen?«, ging Lucy dazwischen. Aber sie lächelte dabei, denn sie war plötzlich bester Laune. Es gab so viel in Washington zu sehen! Das Nationalarchiv, wo die Verfassung und die Unabhängigkeitserklärung aufbewahrt wurden. Die Museen, die Denkmäler …

Lucy schüttelte den Kopf. Ich *bin* eine Streberin, dachte sie fröhlich. Und das ist ganz in Ordnung …

Plötzlich fuhr sie wie elektrisiert auf. Sie löste den Sicherheitsgurt, griff nach ihrem Rucksack und begann, ihn hektisch zu durchsuchen.

»Was ist?«, fragte Meghan.

»Weißt du noch, wann wir die Senatorin treffen?«, fragte Lucy.

Meghan überlegte kurz. »Sollen wir nicht heute mit ihr zu Abend essen?«

Tyler schüttelte den Kopf. »Ich glaube, wir treffen sie am Flughafen.«

Lucy warf verzweifelt ihren Rucksack hin. »Ich kann es nicht finden!«

»Was denn?«, fragte Meghan.

»Das blöde Programm!«

»Mach dir keine Gedanken!«, tröstete sie Tyler. »Ich habe meins ganz sicher dabei. Wir können nachsehen, sobald wir gelandet sind.«

Die Flugbegleiterin kam durch den Gang und legte Lucy die Hand auf die Schulter. »Würden Sie sich bitte wieder anschnallen?«, bat sie. »Wir landen gleich.«

»'tschuldigung«, sagte Lucy und setzte sich wieder richtig hin.

»Mach dir doch deswegen keinen Stress!«, sagte Meghan. »Außerdem habe ich doch selbst gesehen, wie du deine Notizen wieder und wieder durchgegangen bist. Du hast dich gut vorbereitet. Wenn die Senatorin dir nicht zuhören will, dann ist das ihr Problem.«

»Danke«, sagte Lucy. »Ich hätte einfach nur gern gewusst, wann ich genau dran bin.«

Meghan lächelte. »Du hast schon unzählige Male einfach so aus dem Stehgreif eine Rede vor dem Schülergericht gehalten! Das kannst du besser als jeder andere in unserer Gruppe.«

»Abgesehen von Shannon vielleicht«, bemerkte Lucy.

Meghan runzelte die Stirn. »Nein, einschließlich Shannon«, sagte sie. »Und wenn du nicht aufpasst, wird die Senatorin dermaßen beeindruckt sein, dass sie dich bittet, in Washington zum College zu gehen, damit du nebenbei für sie arbeiten kannst.«

Meghan lächelte ihre Freundin noch einmal an, bevor sie sich wieder in ihrem Sitz zurücklehnte, um aus dem Fenster zu schauen. Das Flugzeug setzte zum Landeanflug an.

Lucy saß wie vom Blitz getroffen da.

Für die Senatorin arbeiten?, dachte sie. Plötzlich sah sie es schon lebhaft vor sich: wie sie mit der Senatorin verschiedene Vorschläge besprach; wie sie ihr dabei half, zu entscheiden, welche Haltung bei wichtigen Fragen einzunehmen war, und wie sie schließlich Einfluss auf die gesamte Landespolitik nahm. Auf dieser Ebene konnte sie so viel tun, um den Menschen zu helfen! Warum war sie noch nicht selbst darauf gekommen?

Das Flugzeug ruckelte, als es auf der Landebahn aufsetzte. Lucy blickte zum Fenster hinaus in den Washingtoner Himmel. Ob sie eines Tages tatsächlich in dieser Stadt leben würde?

5

Tausende Kilometer und drei Zeitzonen weiter knöpfte Simon sich gerade seine kleine Schwester vor.

»Ich brauche Namen«, sagte er, »und zwar von all deinen kleinen Freundinnen, die bei uns ein- und ausgehen. Die haben doch Namen, oder?«

Ruthie saß missmutig auf einem Küchenstuhl, verschränkte die Arme vor der Brust und sah ihren Bruder störrisch an, der rastlos vor ihr auf und ab schritt.

»Komm schon, Ruthie!«, drängte er. »Oder muss ich andere Seiten aufziehen?«

Ruthie verdrehte die Augen. »Au Mann!«, sagte sie nur.

Die Küchentür ging auf und ihre Mutter kam mit zwei großen Einkaufstüten im Arm herein.

»Hallo, Leute!«, rief sie. »Simon, da draußen steht ein Auto voller Lebensmittel. Setz dich in Bewegung! Du auch, Ruthie!«

Ruthie sprang vom Stuhl und zischte an Simon vorbei. »Okay!«, rief sie fröhlich.

Mrs. Camden schaute ihr hinterher und sah Simon argwöhnisch an.

»Was war hier los?«, fragte sie.

Simon machte ein unschuldiges Gesicht. »Nichts«, antwortete er. »Ich habe ihr nur ein paar Fragen gestellt.«

Mrs. Camden setzte die Einkaufstüten ab und nahm ihren Sohn ins Visier. »Was für Fragen?«, hakte sie nach.

Simon versuchte auszuweichen. »Hast du nicht gesagt, ich soll auch ein paar Tüten reinholen? Ruthie kann sie doch nicht alle allein ...«

»Simon!«, warnte Mrs. Camden.

Simon seufzte. »Ich habe sie nach ihren Freundinnen gefragt.«

»Nach ihren Freundinnen?«

Simon nickte.

»Warum?«

Simon sah zur Küchentür, als Ruthie mit einer großen Tüte beladen wieder hereinkam. »Ich glaube, er will Babysitter werden«, erklärte sie.

Mrs. Camden sah Simon fragend an.

»Ich will überhaupt nicht Babysitter werden«, erklärte er. »Ich will Aktienhändler werden. Ich muss nur erst ein bisschen Geld sparen, damit ich einen Computer kaufen kann. Ich passe ja oft auf Ruthie auf und ...«

»Hey!«, fiel ihm Ruthie ins Wort und reichte ihrer Mutter die Einkaufstüte. »Ich bin neun Jahre alt. Auf mich muss niemand aufpassen.«

»Okay, in Ordnung«, entgegnete Simon. »Ich *habe* oft auf Ruthie aufgepasst ...«

»Ja, und wessen Idee war das?«, fragte Ruthie.

Mrs. Camden sah ihre Tochter streng an. »Lass ihn doch ausreden«, sagte sie.

Ruthie seufzte und zog sich einen Stuhl an die Küchentheke. Sie kletterte darauf und half ihrer Mutter, die Einkäufe wegzuräumen.

»... und ich hab sogar den Babysitter-Kurs im Krankenhaus gemacht, als du mit den Zwillingen schwanger warst, weißt du noch?«

Mrs. Camden nickte.

»Und jetzt ist es eben Zeit, dass meine Fähigkeiten auch auf dem freien Markt zum Einsatz kommen«, schloss Simon.

Mrs. Camden dachte kurz nach, dann sagte sie: »Es ist eine große Verantwortung, auf die Kinder von anderen Leuten aufzupassen. Bist du sicher, dass du damit klarkommst?«

»Mom, ich bin schließlich schon auf der Highschool«, sagte Simon. »Die meisten in meinem Alter arbeiten schon seit Jahren als Babysitter.«

Mrs. Camden nickte, faltete eine leere Tüte zusammen und verstaute sie unter der Spüle. »Ich muss mit deinem Vater darüber reden«, sagte sie. »Holt ihr beiden jetzt bitte noch den Rest aus dem Auto?«

»Aye-aye, Käpt'n!«, rief Ruthie, sprang vom Stuhl und lief zur Tür hinaus. Simon folgte ihr.

Gemeinsam holten sie die Einkäufe aus dem Auto. Unter dem wachsamen Blick seiner Mutter traute sich Simon nicht, Ruthie weiter auszuquetschen. Es blieb ihm nichts anderes übrig als abzuwarten, bis Dad nach Hause kam und seine Eltern sich besprochen hatten.

Simon versuchte, sich die Zeit mit den Hausaufgaben zu vertreiben, aber er konnte sich nicht konzentrieren. Stattdessen überlegte er, was für einen Stundenlohn er als Babysitter verlangen konnte. Fünf Dollar? Zehn vielleicht?

Ich muss mich erst mal erkundigen, dachte er. Bestimmt sind die Löhne gestiegen, seit ich den Kurs gemacht habe.

Bei diesem Gedanken wurde er ganz kribbelig vor Aufregung. Wie viel Geld würde ihm der Job einbringen? In welchem Zeitraum konnte er wie viel verdienen?

Er fing an zu rechnen. Wenn ich um acht Uhr abends anfange und die Leute erst um Mitternacht zurückkommen, sind das vier Stunden. Zehn Dollar die Stunde ... das macht dann vierzig Dollar! Vierzig Dollar an einem Abend!

Simon lehnte sich in seinem Stuhl zurück. Bald war er reich! Er musste sich zwar noch erkundigen, wie viel Geld er für einen gebrauchten Computer brauchte, aber viel mehr als ein paar hundert Dollar würde er wohl nicht kosten. Wenn seine Rechnung aufging, dann war er in null Komma nix Aktienhändler – und dann konnte er die Mädchen in die besten Restaurants der Stadt ausführen.

Simon verbrachte die nächsten Stunden damit, die Zahlen wieder und wieder zu überarbeiten. Er machte die Rechnung mit unterschiedlichen Stundenlöhnen und versuchte zu kalkulieren, wie lange es dauern würde, bis er sich endlich einen Computer kaufen konnte.

Irgendwann hörte er, wie sein Vater nach Hause kam. Bald darauf bekam er mit, dass seine Eltern sich leise in der Küche unterhielten.

Sie reden über mich, dachte er. Ob ich Babysitter sein darf oder nicht. Sie müssen es einfach erlauben!

Schließlich rief seine Mutter zum Abendessen. Da Lucy verreist war und Matt seine eigene Wohnung hatte, bestand die Runde nur aus Simon, Ruthie, Mary, den Zwillingen und ihren Eltern.

Während sie die Schüsseln herumreichten, schwadronierte Ruthie über das gesellschaftliche Leben in ihrer Klasse – darüber, wer in wen verschossen war und wer kürzlich mit wem Schluss gemacht hatte. Simon notierte sich im Geiste sämtliche Namen.

Als Ruthie damit fertig war und anfing zu essen, wandte sich Reverend Camden an Simon.

»Deine Mutter hat mir erzählt, du willst als Babysitter jobben.«

Mary hätte sich fast verschluckt. »Simon? Als Babysitter?«

Simon sah seine Schwester böse an. »Jetzt tu bloß nicht so, als wärst du die Weltmeisterin im Babysitten!«, regte er sich auf.

Mary schüttelte nur den Kopf.

Der Reverend lächelte. »Ich glaube, Simon wäre ein guter Babysitter.«

Simon blickte erstaunt auf. »Glaubst du wirklich?«

Reverend Camden nickte. »Du bist aufmerksam und rücksichtsvoll. Dir liegt das Wohl anderer am Herzen.«

Simon strahlte. Ist ja klasse!, dachte er.

»Ich sehe da nur ein Problem«, fuhr sein Vater fort. »Deine Mutter hat mir auch erzählt, du willst als Babysitter arbeiten, weil du das Geld brauchst, um später ins Aktiengeschäft einzusteigen.«

Simon nickte.

Der Reverend machte eine ausladende Geste. »Das ist ein ganz anderes Thema. Darüber müssen wir irgendwann mal reden. Viele Leute, die sich nicht richtig damit auskennen, haben es probiert und viel Geld dabei verloren. Aber darum geht es mir jetzt gar nicht«, erklärte er. »Ich mache mir Sorgen, dass du den Babysitter-Job nicht richtig ernst nimmst, wenn du ihn nur als Sprungbrett für etwas anderes siehst.«

Simons Mutter nickte. »Auf die Kinder von anderen Leuten aufzupassen ist eine sehr verantwortungsvolle Aufgabe«, erklärte sie noch einmal. »Ich meine, es ist eine Sache, ob du nur auf Ruthie aufpasst ...«

»Hey!«, fuhr Ruthie empört auf. »Was soll das denn wieder heißen?«

Mrs. Camden lächelte sie an. »Du weißt doch, was ich meine, Süße. Du und Simon, ihr seid hier zu Hause. Ihr kennt die Nachbarn. Ihr wisst, wo ihr anrufen müsst, wenn es ein Problem gibt.«

»Aber bei anderen Leuten«, fuhr der Reverend fort, »bist du in einem fremden Haus und passt auf Kinder auf, die du nicht besonders gut kennst. Da kann alles

Mögliche passieren und darauf musst du vorbereitet sein.«

Simon blickte auf seinen Teller. Sein Vater machte ihm ja richtig Angst! So hatte er die Sache noch gar nicht betrachtet, musste er sich eingestehen.

»Trotzdem«, sagte Reverend Camden, »kann ich mir niemanden vorstellen, bei dem ich lieber meine Kinder lassen würde, und ich finde, du bist durchaus alt genug, um eine solche Verantwortung zu übernehmen. Ich möchte nur sichergehen, dass du die Sache auch ernst nimmst.«

»Das tue ich, Dad«, versprach Simon.

Der Reverend nickte. »Gut.« Dann sah er seine Frau an, die ebenfalls nickte und ihn anlächelte.

»Oje«, sagte Mary. »Ruthie, du solltest deine Freundinnen besser schnellstens vorwarnen!«

»Aber wirklich!«, entgegnete Ruthie.

»Eigentlich haben wir uns gedacht«, sagte Mrs. Camden, »du könntest Simon helfen, ein paar Jobs zu finden, Ruthie.«

Simon und Ruthie sahen ihre Mutter mit großen Augen an.

»Also bitte, Mom«, schaltete sich Mary ein. »Sie kann doch nicht die Lämmer zur Schlachtbank führen!«

»Ja«, meinte Ruthie. »Das würde ich meinem schlimmsten Feind nicht antun und meinen Freundinnen schon gar nicht.«

»Aber Ruthie!«, entgegnete Mrs. Camden. »Simon war immer ein sehr guter Babysitter. Und ich bin sicher, er hat dir schon einige Dinge durchgehen lassen, von denen ich liebend gern erfahren würde …«

Ruthie sah ängstlich zu Simon herüber. Er hatte ein böses Grinsen im Gesicht.

»Okay, ich helfe ihm«, sagte Ruthie schnell.

Mrs. Camden lächelte. »Ich freue mich, dass wir einer Meinung sind.«

Der Reverend wandte sich wieder an Simon. »Du solltest dich allerdings nicht allein auf Ruthies Hilfe verlassen. Du musst natürlich lernen, dir selbst Arbeit zu beschaffen. Ruthie kann dir die Namen der Kinder in ihrer Klasse geben und du rufst dann die Eltern an und stellst dich vor.«

»Okay«, erklärte sich Simon einverstanden.

»Vergiss nicht unsere Nachbarn! Die kannst du auch fragen«, fügte Mrs. Camden hinzu. »Morgen höre ich bei unseren Freunden nach, die kleinere Kinder haben. Vielleicht braucht jemand von denen auch einen Babysitter.«

»Danke, Mom«, sagte Simon.

»Hast du dir schon überlegt, wie viel du nehmen willst?«, fragte sein Dad. »Das solltest du wissen, bevor du die Leute anrufst.«

Simon nickte. »Fünf Dollar die Stunde«, antwortete er. »Damit kann ich die Konkurrenz unterbieten.«

»Gute Idee. Und was ist mit dem Namen?«, fragte Reverend Camden. »Jeder neue Betrieb braucht einen guten Namen.«

Simon grinste. »Wie wäre es mit ›Simon spricht‹?«

Der Reverend lachte herzlich. »Also dann, gute Nacht, mein Sohn.«

»Gute Nacht, Dad.«

Simon stand vom Tisch auf und ging in sein Zimmer. Er versuchte, noch ein paar Hausaufgaben zu erledigen, aber seine Gedanken schweiften ständig ab.

Er hatte mal wieder nicht genug über die praktische Durchführung seines Plans nachgedacht – wie immer. Als Babysitter zu arbeiten war gar nicht so einfach, wie er es sich vorgestellt hatte. Und seinen ersten Auftrag hatte er auch noch längst nicht in der Tasche!

6

»Haben alle daran gedacht, die Uhren umzustellen?«, fragte Ms. Russell. »Zur Erinnerung: Hier sind wir drei Stunden weiter als zu Hause.«

»Endlich!«, sagte Tyler. »Eastern Standard Time! Die vielen Jahre an der Westküste haben mir schon richtig Minderwertigkeitskomplexe gemacht.«

Alle lachten.

Als Lucy und Meghan das Flugzeug verließen, warteten die Lehrer bereits ein Stück weiter vorn.

»Okay, alle mal herhören!«, rief Ms. Russell. »Bitte schnell versammeln, damit ich durchzählen kann.«

Während Ms. Russell und Mr. Truscott überprüften, ob alle das Flugzeug verlassen hatten, drehte sich Lucy zu Tyler um. »Hör mal«, sagte sie, »suchst du mir bitte schnell dein Programm raus?«

»Bin schon dabei«, entgegnete er und fing an, in seinem Rucksack zu wühlen. »Also ...« Er holte einen zerknitterten Packen Papiere hervor, überflog das oberste Blatt und blätterte weiter.

»Wir treffen uns vor dem Terminal mit jemandem vom Büro der Senatorin«, sagte er dann. »Die Senatorin hat einen Bus für die Fahrt zum Hotel bestellt.«

Mit jemandem von ihrem Büro, dachte Lucy erleichtert und wurde ruhiger. Sie atmete tief durch. »Steht da, ob wir sie heute überhaupt noch treffen?«

Tyler las die ganze Seite durch. »Ich glaube nicht«, antwortete er. »Hier steht, wir fahren zum Hotel. Sonst nichts, außer der Adresse und der Telefonnummer.«

Er sah auf und zuckte mit den Schultern.

Meghan klopfte Lucy beruhigend auf die Schulter. »Für heute bist du aus dem Schneider!«, sagte sie. »Entspann dich! Komm, wir wollen uns amüsieren!«

Die Gruppe folgte den Schildern entlang der vielen Flugsteige auf dem Flughafen zu den Rolltreppen, an deren unterem Ende sich zahlreiche Abholer mit Schildern in der Hand versammelt hatten. Auf einem der Schilder stand KENNEDY HIGHSCHOOL.

»Hey!«, rief jemand. »Das sind wir!«

Mit Ms. Russell an der Spitze und Mr. Truscott als Nachhut marschierte die ganze Gruppe zu dem Uniformierten mit dem Schild hinüber.

Lächelnd fragte er: »Sind das die Schüler aus Kalifornien?«

»Allerdings, das sind sie«, entgegnete Ms. Russell, schüttelte dem Mann die Hand und stellte sich vor.

»Ich heiße Rodger«, sagte er. »Ich bin der Chauffeur der Senatorin. Wenn Sie mir bitte alle folgen würden?«

Die ganze Klasse brodelte förmlich vor Aufregung,

während Rodger sie zu einem Bus führte, der ganz ähnlich aussah wie der, mit dem sie acht, neun Stunden zuvor nach Los Angeles gefahren waren.

»Wenn Sie eingestiegen sind, bringe ich Sie im Nu ins Hotel«, sagte Rodger.

Die ganze Gruppe kletterte rasch hinein. Wie sich alle auf den ersten Blick überzeugten, war die Inneneinrichtung des Busses im Gegensatz zu seiner äußeren Erscheinung alles andere als normal.

Hinter dem Fahrersitz befanden sich etwas höher gelegen mehrere Reihen Sitze, die unglaublich bequem aussahen. Dahinter war eine Wand, in die eine Schiebetür eingelassen war. Dadurch gelangte man in einen Raum mit einem großen Tisch, um den sich einige Sessel gruppierten, die aussahen wie aus einer Zahnarztpraxis. Sie waren riesig und ließen sich um die eigene Achse drehen. Stellte man die Lehne zurück, klappte eine Fußstütze hoch, sodass ein richtiger Liegesitz daraus wurde. In einer Ecke hing ein großer Fernseher unter der Decke. Darunter befanden sich ein Videorekorder, ein DVD-Player und eine Stereo-Anlage. Lautsprecher waren ringsum in die Wände eingelassen.

»Cool!«, rief Sean, ließ sich in einen der Sessel fallen und drehte sich. »Nicht schlecht, so ein Job im Senat!«

Tyler untersuchte neugierig das Lautsprechersystem. »Ich glaube, die haben hier Surround-Sound«, sagte er.

Sean hielt an und setzte sich auf. »Echt?«, staunte er. »Hey, Mr. Truscott! Können wir einen Film gucken?«

»Nein, das glaube ich wohl nicht«, erwiderte Mr. Truscott. Lucy sah ihm an, dass er die moderne Ausstattung aber auch ganz interessant fand. Sie schaute zu Meghan rüber und schüttelte den Kopf. »Die Jungs brauchen immer was zum Spielen!«, lästerte sie. Aber beeindruckend war der Bus schon, das musste sie zugeben.

Verborgen von einer weiteren Schiebetür befanden sich im hinteren Teil noch mehr bequeme Sitzreihen, ein paar Schlafkojen und ein großes Badezimmer.

Die Kids erkundeten jeden Winkel. Wie Rodger ihnen erklärte, war die Senatorin mit diesem Bus unterwegs, wenn sie nicht mit dem Flugzeug verreiste.

»Im Wahlkampf zum Beispiel?«, fragte Mr. Truscott.

»Ganz genau«, entgegnete Rodger.

Lucy und Meghan ergatterten zwei Plätze vorn im Bus und schauten gespannt aus dem Fenster. Die Stadt war wunderschön! Breite Straßen, viele Parks und überall riesige alte Bäume. Ab und zu erhaschten sie auch einen Blick auf das hohe säulenähnliche Washington Monument und die elfenbeinfarbene Kuppel des Kapitols.

Lucy war begeistert. Die Stadt kam ihr riesig vor, dem Amtssitz einer großen Regierung durchaus würdig. Hier kamen gewählte Vertreter aus dem ganzen Land zusammen, um höchst wichtige Entscheidungen zu fällen. Und diese Entscheidungen hatten Auswirkungen auf das Leben eines jeden einzelnen US-Bürgers. Das war eine Ehrfurcht gebietende Aufgabe und eine spannende obendrein.

Ich könnte so viel bewirken!, dachte Lucy. Es ist wie bei der Arbeit für *Heimstätten*, allerdings könnte ich hier viel mehr Leuten helfen!

Lucy lächelte still vor sich hin. So ein Job war schon verführerisch, fand sie. Besonders, wenn man den ganzen Tag in einem solchen Bus umherfahren konnte!

Und ich würde es zumindest aus den richtigen Beweggründen tun, dachte sie im Hinblick auf Shannon. Dieses Mädchen war bereit, alles zu tun, um vorwärts zu kommen. Lucy schauderte. Die Vorstellung, Shannon könne wichtige Entscheidungen für Millionen von Menschen treffen ...

Das wirklich Erschreckende daran war allerdings, dass Shannon sicher genau dies anstrebte.

Nach ungefähr einer Stunde kamen sie am Hotel an, einem beeindruckenden alten Gebäude. Von der Straße ging eine Einfahrt ab, die bis vor den Eingang führte. Die Jugendlichen stiegen aus, holten sich ihr Gepäck und folgten ihren Lehrern in die Empfangshalle, nachdem sie sich bei Rodger für die wunderbare Fahrt bedankt hatten.

Im Hotel bot sich ihnen ein unglaublicher Anblick. In der Mitte der riesigen Empfangshalle stand ein gewaltiger Springbrunnen. Die runde Halle war zwei, drei Stockwerke hoch und an den Seitenwänden waren ringsum Balkone angebracht, von denen aus man wiederum hinunter in die Eingangshalle blicken konnte. Der Boden war mit einem dicken Teppich ausgelegt und überall standen Sofas und Sessel, die aussahen, als würde man darin richtiggehend versinken. Auf der dem Eingang gegenüberliegenden Seite befand sich eine lange Empfangstheke aus glänzend poliertem Holz. Und dahinter standen ernst dreinblickende Männer und Frauen in Uniform.

Ms. Russell ging schnurstracks zum Empfang, während Mr. Truscott und die Klasse mit offenem Mund dastanden und glotzten.

»Das scheint dann ja wohl die Roter-Teppich-Kategorie zu sein«, murmelte Tyler vor sich hin.

»Sieht so aus«, entgegnete Meghan.

Mr. Truscott schüttelte staunend den Kopf und sagte dann leise: »Vielleicht sollten wir so tun, als gehörten wir hierher.«

»Ja, genau!«, rief jemand aus der Gruppe.

Mr. Truscott ging vor und die ganze Meute folgte ihm zum Empfang, wo Ms. Russell die Anmeldung abwickelte. Aus der Nähe betrachtet war der Empfangschef viel weniger Respekt einflößend, fand Lucy. Eigentlich war er noch sehr jung, wahrscheinlich nicht viel älter als sie selbst. Er trug bloß diese alberne Uniform und versuchte, seriös zu erscheinen.

Lucy lächelte, als sie sich vorstellte, wie Tyler in so einer Montur aussehen würde.

»Okay«, sagte Ms. Russell und drehte sich mit einem Stapel kleiner gefalteter Umschläge und einem Blatt Papier in der Hand zu der Gruppe um. Lächelnd blickte sie in die Runde. »Alles so weit in Ordnung? Ich weiß ja nicht, wie es Ihnen geht, aber ich bin ziemlich groggy.«

Zustimmendes Stöhnen ertönte. Alle sind total müde, dachte Lucy. Sie selbst konnte es gar nicht erwarten, unter die Dusche zu hüpfen und dann ins Bett.

»Der Plan lautet folgendermaßen«, sagte Ms. Russell. »Ich gebe Ihnen rasch die Zimmerverteilung bekannt und dann gehen wir alle nach oben und ruhen uns ein bisschen aus.«

Sie sah auf ihre Uhr. »Es ist jetzt fast sechs Uhr. Wir machen Pause bis … sagen wir, bis acht und treffen uns dann hier am Empfang wieder zu einem kleinen Abendessen. Einverstanden?«

Alle nickten.

»Also dann!« Ms. Russell sah auf ihre Liste und begann, die Namen vorzulesen und die kleinen Umschläge zu verteilen, in denen sich, wie Lucy annahm, die Zimmerschlüssel befanden. Die Gruppe um Ms. Russell schrumpfte allmählich zusammen und immer mehr Kids wanderten hinüber zu den Aufzügen.

Meghan und Lucy mussten lachen, als Ms. Russell verkündete, dass Tyler und Sean sich das Zimmer mit Mr. Truscott teilen mussten.

Tyler ließ die Schultern hängen. »Ach, super!«, sagte er. »Das wird aber ein großer Spaß – mit dem Lehrer auf einem Zimmer!«

»Hey, was meinen Sie, wie ich das finde!«, rief Mr. Truscott von hinten. »Jetzt muss ich die ganze Zeit darauf achten, ein Vorbild zu sein und so weiter.«

Tyler wurde rot, aber Mr. Truscott lächelte und klopfte ihm auf die Schulter. Die drei nahmen ihre Schlüssel und gingen mit den anderen zum Lift.

»Mal sehen, mit wem wir zusammenkommen«, sagte Meghan. Alle hatten sich je eine Person aussuchen dürfen, mit der sie ganz bestimmt das Zimmer teilten, und so wussten Meghan und Lucy, dass sie zusammenbleiben würden. Wer noch dazukommen würde, war jedoch ungewiss.

»Hoffentlich ist es nicht Ms. Russell«, entgegnete Lucy leise.

Meghan unterdrückte mit Mühe ein Lachen, aber da teilte Ms. Russell schon mit: »Lucy und Meghan teilen sich ein Zimmer mit Shannon und Stacey.«

Lucy erstarrte. Hatte sie richtig gehört? Ungläubig sah sie Meghan an. Der Gesichtsausdruck ihrer Freundin sprach Bände.

Shannon ging nach vorn und nahm den Umschlag von Ms. Russell entgegen. Ohne Lucy und Meghan eines Blickes zu würdigen, machte sie auf dem Absatz kehrt und marschierte zum Lift. Stacey sah die beiden an, zuckte mit den Schultern und folgte Shannon.

»Sag mir, dass das nicht wahr ist!«, stöhnte Meghan.

»Es ist nicht wahr«, entgegnete Lucy und seufzte.

»Lügnerin!«, rief Meghan und dann liefen sie gemeinsam hinter Shannon her.

7

Ein paar Stunden später, nach einem schnellen Abendessen, wünschte Ms. Russell der ganzen Gruppe am Empfang eine gute Nacht.

»Stellen Sie Ihre Wecker bitte auf sechs Uhr«, sagte sie.

Sie hob verteidigend die Hände, als alle anfingen zu jammern und zu stöhnen. »Ich weiß, ich weiß«, sagte sie, »das ist furchtbar. Aber wir müssen nun mal so früh aufstehen, damit wir pünktlich um acht mit der Senatorin frühstücken können ...«

Aufgeregtes Gemurmel wurde laut und Lucy spürte, wie sich ihr Magen zusammenzog. Morgen ist es so weit!, dachte sie.

Alle fuhren mit den Aufzügen nach oben und sagten sich gute Nacht, bevor sie auf die Zimmer gingen. Shannon, Stacey, Lucy und Meghan versammelten sich vor ihrer Tür. Um sie zu öffnen, hatten sie keinen Schlüssel, sondern ein Plastikkärtchen, das man in einen Schlitz über dem Türknauf stecken musste.

Shannon vollzog die Zeremonie. Ein grünes Lämpchen

neben dem Kartenschlitz leuchtete auf und das Türschloss wurde mit einem Klicken entriegelt.

»Presto«, sagte Shannon und ging mit den anderen hinein.

Das Zimmer war ganz ähnlich eingerichtet wie andere Hotelzimmer, in denen Lucy schon gewohnt hatte. Es gab zwei Doppelbetten, zwei Kommoden, einen Schreibtisch, einen Fernseher, einen Wandschrank und ein Bad. Anders als in anderen Hotelzimmern waren hier die Möbel jedoch aus teurem, poliertem Holz, und die mit Seidenstickereien geschmückte Tapete an den Wänden sah sehr elegant und kostbar aus.

Früher am Abend, als sie zum ersten Mal auf ihr Zimmer gegangen waren, hatten sie kaum miteinander gesprochen. Sie hatten nur ihr Gepäck abgestellt und sich gleich in die Federn fallen lassen – Stacey und Shannon hatten sich sofort das Bett am Fenster gesichert. Nun öffneten die Mädchen ihre Koffer und räumten die Kleider weg.

»Ich nehme diese zwei Schubladen hier!«, rief Stacey und verstaute ihre Unterwäsche in der oberen und ihre Jeans in der unteren Schublade unter dem Fernseher.

»Hey!«, rief Meghan.

»Moment mal«, sagte Lucy und sah sich rasch im Zimmer um. »Es gibt zwei Kommoden. Stacey und Shannon, ihr könnt die vor eurem Bett nehmen, und wir nehmen die vor unserem.«

Shannon warf einen Blick auf die Kommoden und nickte. »Das ist fair«, sagte sie.

Meghan holte ein Kleid aus ihrer Tasche, das völlig zerknittert war. »Was ist mit dem Wandschrank?«, fragte sie.

Shannon machte die Schranktür auf. »Also, hier sind jede Menge Bügel drin ...«, erklärte sie.

Meghan verdrehte die Augen. »Soll das heißen, du hast nichts dagegen, wenn wir uns den Schrank mit dir teilen?«

Shannon warf Meghan einen verärgerten Blick zu. »Mir ist ganz egal, was ihr macht!«, entgegnete sie patzig, marschierte ins Badezimmer und schloss die Tür.

Stacey sah ihr hinterher, dann drehte sie sich zu Meghan um. »Das war gemein«, schimpfte sie. »Warum hast du das gesagt?«

Meghan zuckte mit den Schultern. »Ich weiß nicht«, antwortete sie. »Sie geht mir vermutlich einfach auf die Nerven.«

Schweigend packten die drei Mädchen aus und zogen sich ihre Schlafsachen an, um ins Bett zu gehen. Shannon kam mit offenem Haar und porentief reinem Gesicht aus dem Bad. Lucy nahm sich ihren Rucksack, als sie mit dem Auspacken fertig war, und setzte sich an den Schreibtisch. Sie hatte einen ganzen Ordner voll Informationen über die *Heimstätten für Menschlichkeit* dabei. Als der Organisation das Geld ausgegangen war – und die Nägel –, hatte Lucy begonnen, sich schlau zu machen, woher die finanziellen Mittel kamen. Überrascht hatte sie festgestellt, dass sich die *Heimstätten* nur mit Hilfe von privaten Spenden über Wasser hielten. Es gab überhaupt keine Unterstützung von der Bundesregierung, obwohl sie schon oft mit der Organisation zusammengearbeitet hatten, wenn es darum ging, neues Bauland sicherzustellen.

Bisher hatte eigentlich alles gut funktioniert. Die *Heimstätten* wurden gut geführt und man ging sehr vernünftig mit dem Geld um. Wenn es einmal knapp wurde, dann nur vorübergehend, bis neue Spenden eintrafen oder Gelder aus anderen Töpfen umverteilt wurden. Lucy war eigentlich recht zuversichtlich, dass bereits neues Geld für die Beendigung des laufenden Projekts bereitstehen würde, wenn sie wieder nach Hause kam.

Aber zu solchen Engpässen musste es im Grunde gar nicht erst kommen, fand sie, wenn es von der Regierung eine finanzielle Unterstützung gäbe. Dann könnte man kontinuierlich weiterarbeiten und müsste keine Zwangspausen einlegen.

Während sie ihren Ordner durchblätterte, gewann Lucy neue Zuversicht. Es war eine wichtige Sache! Und wenn die Senatorin anderer Meinung war, musste sie eben einen Weg finden, die Politikerin zu überzeugen.

Lucy fragte sich, ob das Frühstück die einzige Gelegenheit sein würde, mit ihr zu reden. Wenn ja, musste sie die Chance nutzen und irgendwie an sie herankommen. Aber wie, wenn die anderen doch ständig dabei waren?

Shannon stellte ihren leeren Koffer zur Seite und sah zu Lucy hinüber. Meghan und Stacey schliefen bereits. Meghan schnarchte sogar leise.

»Meinst du, sie macht das jetzt die ganze Nacht?«, fragte Shannon.

Lucy schaute sich Meghan an. Sie hatten schon so oft

zusammen in einem Zimmer übernachtet, aber das Schnarchen war ihr nie aufgefallen. »Kann schon sein«, antwortete sie.

»Na super«, knurrte Shannon. Mit einem Blick auf Lucys Ordner fragte sie: »Was für die Senatorin?«

»Ja«, entgegnete Lucy. »Etwas, das ich mit ihr besprechen möchte.«

Shannon kletterte neben Stacey, die leise stöhnte und sich auf die Seite drehte, in das große Doppelbett. »Was immer es ist«, meinte sie, »ich würde meine Zeit nicht damit verschwenden.«

»Wie meinst du das?«, fragte Lucy.

Shannon hob den Kopf und sah Lucy an. »Wir werden die Senatorin nicht mal zu Gesicht kriegen.«

»Wie bitte?«, fuhr Lucy auf.

»Hast du denn heute nicht zugehört?«, entgegnete Shannon. »Die Senatorin gehört zur Spezies der Politiker, und die sind schlimmer als alle anderen. Sie tun gar nichts, wenn nicht etwas für sie dabei herausspringt.«

Lucy schüttelte den Kopf. So etwas wollte sie nicht hören.

»Ich will dir mal was erklären, Camden«, fuhr Shannon fort. »Falls die Senatorin zufälligerweise doch irgendwie auftaucht, dann bleib mir aus dem Weg! Ich habe vor, eines Tages hier in Washington zu arbeiten. Wenn also überhaupt irgendjemand mit ihr redet, bin ich das. Verstanden?«

Lucy verschlug es die Sprache. Shannon hatte ihr gerade gedroht! Wie konnte sie es wagen? Lucy spürte, wie Wut in ihr aufstieg. Sie hatte das Gefühl den ganzen Tag zu unterdrücken versucht, aber nun ... Sie klappte ihren Ordner zu und verstaute ihn wieder in ihrem Rucksack.

»Keine leeren Versprechungen, Forester«, sagte sie so gehässig wie sie konnte und knipste das Licht aus.

Am nächsten Morgen standen Lucy und ihre Zimmergenossinnen vor Sonnenaufgang auf. Sie gingen der Reihe nach ins Bad und zogen sich rasch an. Lucy überlegte hin und her und entschloss sich dann für eine Hose und ein schönes Top. Dieses Outfit war, wie sie fand, lässig und seriös zugleich.

Shannon schüttelte verächtlich den Kopf über Lucy und ihre Klamottenkrise, aber Lucy fiel auf, dass Shannon viel länger im Badezimmer brauchte als die anderen, um vor dem Spiegel ihr Haar zu flechten und sich zu schminken.

Als alle fertig waren, trafen sie sich mit der ganzen Gruppe am Empfang.

Tyler kam zu ihnen herüber. Er wirkte verschlafen, sah aber sehr gut aus in seiner schicken Hose und dem Hemd mit angeknöpftem Kragen. »Morgen!«, sagte er.

»Hey«, raunte ihm Meghan zu. »Wie war deine Nacht mit Mr. Truscott?«

Tyler zuckte mit den Schultern. »Prima. Wir sind alle ins Bett gegangen, als wir auf dem Zimmer waren, und sofort eingepennt«, sagte er. »Wie war es denn bei euch mit der liebreizenden Shannon Forester?«

Meghan verdrehte die Augen. »Frag lieber nicht!«, entgegnete sie. »Ich werde so wenig Zeit wie möglich in diesem Zimmer verbringen.«

Lucy war derselben Ansicht, sagte aber nichts. Sie wollte sich nicht von Shannon einschüchtern lassen und auf jeden Fall mit der Senatorin sprechen.

Ms. Russell zählte mit Mr. Truscott die Gruppe durch. Danach sagte sie: »Jetzt können wir nur abwarten. Sehen Sie sich ruhig ein wenig in der Empfangshalle um, aber entfernen Sie sich nicht zu weit.«

Die Schülerinnen und Schüler schwärmten in alle Richtungen aus. Viele gingen zu dem Springbrunnen in der Mitte der Halle und testeten die bequemen Sessel und Sofas. Lucy suchte sich einen Platz in der Nähe des Eingangs, um jeden beobachten zu können, der hereinkam. Meghan und Tyler setzten sich zu ihr.

Und dann warteten sie. Und warteten. Die ganze Zeit spielte Lucy in Gedanken durch, was sie zu der Senatorin sagen würde, wenn sie kam. Und je länger sie darüber nachdachte, desto nervöser wurde sie.

Tyler und Meghan unterhielten sich leise und Lucy wollte sie gerade etwas fragen, da kam eine große grauhaarige Frau mit durchdringendem Blick zur Tür herein.

Das ist sie!, dachte Lucy. Sie sah rasch zu Shannon hinüber, die mit Stacey redete und die Senatorin noch nicht entdeckt hatte. Das war Lucys Chance! Bevor sie der Mut wieder verließ, sprang sie auf und ging auf die Frau zu.

»Senatorin Keims, verzeihen Sie, dass ich Sie anspreche. Ich bin Lucy Camden. Ich bin mit Ms. Russell und meiner

Klasse aus Glenoak, Kalifornien, hier. Ich freue mich sehr, Sie zu sehen, weil ich auf die Gelegenheit gehofft habe, mit Ihnen etwas besprechen zu können, das mir sehr am Herzen liegt. Vielleicht kann ich Sie von der Wichtigkeit überzeugen ...«

»Lucy!«

Ms. Russell und Mr. Truscott waren hinter ihr aufmarschiert. Die Klassenkameraden, die am Springbrunnen saßen, schauten alle zu ihr herüber.

Ms. Russell sprach die Frau an: »Tut mir Leid, Madam. Meine Schülerin hat Sie mit jemandem verwechselt. Bitte entschuldigen Sie das Versehen!«

Die grauhaarige Frau lächelte. »Ist schon in Ordnung«, sagte sie. Bestürzt stellte Lucy fest, dass die Frau einen ausländischen Akzent hatte. »Ich habe eine Tochter in diesem Alter. Können Sie mir vielleicht sagen, wo ich den Portier finde?«

Ms. Russell sah sich um. »Ich weiß es nicht«, antwortete sie, »aber da vorn am Empfang kann man Ihnen bestimmt weiterhelfen.«

»Ah!«, machte die Frau und nickte Ms. Russell zu. »Vielen Dank.« Sie lächelte Lucy noch einmal an, bevor sie zum Empfang ging.

Fassungslos sah Lucy ihr hinterher.

»Lucy«, sagte Ms. Russell, »haben Sie die Senatorin denn noch nie gesehen?«

»Nein ... ich meine, doch«, stotterte Lucy. »Ich habe sie noch nie persönlich getroffen, aber ich habe schon viele Fotos von ihr gesehen.«

Ms. Russell lächelte sie an. »Ich kann nachvollziehen, warum Sie sie verwechselt haben. Diese Frau sah der Senatorin wirklich ein bisschen ähnlich. Aber die Senatorin ist nicht so groß und ganz so grau ist ihr Haar noch nicht. Sie ist außerdem auch ein wenig rundlich, wenn Sie verstehen.«

»Oh«, machte Lucy.

Mr. Truscott lächelte sie an. »Ist doch nicht schlimm, Lucy. Das muss Ihnen nicht peinlich sein. Warum setzen Sie sich nicht einfach wieder hin?«

»Ja«, entgegnete Lucy. »Ich glaube, ich setze mich einfach wieder.« Sie ließ sich neben Meghan und Tyler auf das Sofa sinken.

Die beiden sahen sie mitfühlend an. »Guter Versuch, Lucy«, lobte Meghan sie.

»Danke, vielen Dank!«, entgegnete Lucy.

»Ja, gute Arbeit, Camden«, fügte Tyler hinzu.

»Na ja, sie hat wie die Senatorin ausgesehen«, murmelte Lucy. Dann drehte sie sich zu Shannon und Stacey um. Die beiden saßen an einem kleinen Tisch und lachten.

Lucy schirmte ihr Gesicht mit der Hand ab und sank in sich zusammen. »Ich glaube, ich sterbe«, sagte sie.

Weitere Minuten verstrichen. Obwohl Lucy am liebsten im Boden versunken wäre, behielt sie den Eingang im Auge. Auch wenn es ihr peinlich war, durfte sie sich nicht von ihrem Ziel abbringen lassen.

Aber die Senatorin tauchte nicht auf.

»Wir werden die Senatorin nicht zu Gesicht kriegen«, hatte Shannon gesagt. Lucy runzelte die Stirn, als sie daran dachte. Würde Shannon etwa auch in diesem Punkt Recht behalten, wie es ihre Art war?

Plötzlich schnappte Meghan nach Luft. »Sieh dir das doch bitte mal an!«, sagte sie.

Lucy sah auf und ihr stockte der Atem. Ein junger Mann stand am Eingang und blickte suchend in die Halle. Wie Meghan und wahrscheinlich alle anderen anwesenden Mädchen konnte sich Lucy gar nicht an ihm satt sehen. Er sah atemberaubend gut aus, hatte markante Gesichtszüge und kurzes dunkles Haar.

Diesmal war sich Lucy sicher: Er hatte ganz bestimmt etwas mit der Senatorin zu tun. Man sah es an der Art, wie er sich bewegte. Aber bevor sie aufspringen konnte, hatte Shannon bereits die Halle durchquert und ihn angesprochen! Lucy beobachtete mit offenem Mund, wie Shannon ihn lachend am Ärmel zupfte. Der Mann lächelte sie an.

Lucy war fassungslos. Warum habe ich das nicht verhindert?, dachte sie.

Nun führte Shannon den jungen Mann durch die Halle zu Ms. Russell und Mr. Truscott. Ms. Russell schrie überrascht auf und umarmte den Mann. Dann schüttelte ihm Mr. Truscott die Hand. Und die ganze Zeit stand Shannon grinsend daneben.

»Kleine Schlange!«, schimpfte Meghan.

»Ich glaube, der ist von der Senatorin«, sagte Tyler. »Sollen wir mal gucken gehen?«

Langsam versammelte sich die ganze Gruppe und Ms. Russell begann mit der Vorstellung. Aus der Nähe betrachtet sah der junge Mann sogar noch besser aus, fand Lucy, einfach göttlich.

»... und das sind Lucy Camden, Tyler Reynolds und Meghan Stevens«, sagte Ms. Russell. Die Menge teilte sich und Lucy blickte plötzlich durch einen Korridor von Menschen. Und am anderen Ende stand ...

»Alex Carpenter, Assistent der Senatorin.«

Meghan gab Lucy einen Schubs und sie bewegte sich auf Alex zu wie ferngesteuert. Als er seine Hand ausstreckte, hob sie automatisch ihre. Seine Augen waren so blau wie ... wie ... unglaublich blau eben.

»Freut mich, Sie kennen zu lernen«, sagte er lächelnd und schüttelte ihr die Hand. »Ich habe schon viel von Ihnen gehört.«

Tatsächlich? Nur Gutes, hoffe ich!, wollte Lucy geistreich antworten, aber als sie den Mund öffnete, kam nichts heraus.

Oh nein!, dachte sie. Ich vermassel alles! Sie holte tief Luft und nahm neuen Anlauf. Aber ihr fehlten die Worte und so stand sie nur da und starrte Alex mit offenem Mund an.

Alex blickte zunächst ein wenig verdutzt drein, dann lächelte er und wendete sich den Nächsten zu, um sie zu begrüßen.

Lucy stand wie betäubt da. Ist das gerade wirklich passiert?, dachte sie. Das kann einfach nicht wahr sein!

Meghan klopfte ihr auf die Schulter. »Wenigstens war es nicht die Senatorin«, sagte sie.

»Sag mir, dass es ein böser Traum ist!«, fuhr Lucy auf.

Meghan sah sie nachdenklich an und sagte dann tröstend: »Daran ist er bestimmt gewöhnt. Er sieht schließlich ziemlich gut aus. Ich bin sicher, in seiner Gegenwart verschlägt es vielen Frauen die Sprache.«

»Oh, super!«, sagte Lucy. »Da freue ich mich aber, dass ich jetzt eine von vielen für ihn bin.«

»Was ist los?«, schaltete sich Tyler ein.

»Ich tröste Lucy gerade über ihren Zombie-Auftritt hinweg«, erklärte Meghan.

»Oh«, machte Tyler und grinste. »Hey, das ist doch nur der Assistent. Du musst an die Senatorin denken. Sieh Alex einfach als Trockentraining.«

Lucy beobachtete, wie Shannon an Alex' Ellbogen klebte und zwischen den einzelnen Begrüßungen kleine Kommentare einwarf.

»Ja«, sagte sie, »aber wenn man sich mit dem Assistenten gut steht, ist man auch viel dichter an der Senatorin dran.«

Tyler zog die Augenbrauen hoch. »Da kann ich nicht widersprechen«, meinte er.

Meghan schlug ihm auf die Schulter. »Behalt deine Gedanken lieber für dich!«

Tyler zuckte zusammen. »'tschuldigung«, sagte er.

»Mach dir keine Gedanken darüber, Lucy«, beruhigte Meghan ihre Freundin. »Nach diesem Ereignis wird es mit der Senatorin das reinste Kinderspiel.«

Lucy seufzte und beobachtete, wie Shannon Alex nicht von der Seite wich. Plötzlich bekam sie eine Stinkwut auf Shannon. Dass es ihr nicht peinlich ist, so an ihm zu kleben!, dachte sie. Aber da es Shannon offensichtlich gar nicht peinlich war, musste Lucy zu denselben Mitteln greifen, wenn sie mit ihr mithalten wollte.

War es das, was Shannon und Sean meinten?, überlegte sie. Man muss tun, was man tun muss, um das zu bekommen, was man will?

Dieser Gedanke machte sie ganz krank. Wie konnte sie gewinnen, wenn sie gar nicht erst ins Spiel kam?

»Okay, alle miteinander, Ruhe jetzt«, rief Ms. Russell. »Hören Sie bitte zu, was Mr. Carpenter zu sagen hat.«

»Bitte nennen Sie mich Alex, schließlich bin ich gar nicht so viel älter als Sie«, sagte Alex zu der Gruppe. »Ich habe während meiner Collegezeit schon für die Senatorin gearbeitet und bin nach dem Abschluss dann fest angestellt worden.« Nach einer kleinen Pause fragte er: »Okay, und wie war die Reise?«

»Cooler Bus!«, rief einer von den Jungen.

Alex lachte. »Dachte ich mir, dass er Ihnen gefällt. Freunde, es tut mir Leid – die Senatorin kann Sie nicht persönlich begrüßen. Sie bat mich, Ihnen zu sagen, wie sehr sie das bedauert. Wie Sie sich bestimmt vorstellen können, ist die Senatorin eine viel beschäftigte Frau, und ihr ist etwas dazwischen gekommen. Nun müssen Sie leider mit mir vorlieb nehmen, aber Sie haben mich für den ganzen Tag, wenn das ein kleiner Trost ist.«

Meghan zog eine Augenbraue hoch und sah Lucy schräg an.

»Und die Senatorin besteht darauf, dass wir kurz im Senat vorbeischauen«, fuhr Alex fort. »Die Sitzungen dauern den ganzen Tag und wenn das Timing stimmt, können wir vielleicht ihre Rede hören. Und mit etwas Glück kann die Senatorin vielleicht heute mit uns zu Abend essen. Aber zuerst«, sagte Alex und sah Ms. Russell an, »haben wir ein nettes Frühstück vor uns, nicht wahr? Und danach zeige ich Ihnen ein paar von den Highlights dieser Stadt.«

»Großartig«, sagte Ms. Russell. »Vielen Dank, Alex. Es ist wohl jedem klar, wie beschäftigt eine Senatorin ist, aber auch ihr Assistent hat viel zu tun. Alex erweist uns einen sehr großen Gefallen, indem er sich den ganzen Tag um uns kümmert. Dafür müssen wir sehr dankbar sein. – Okay, Ende der Predigt. Gehen wir frühstücken!«

Meghan zwinkerte Lucy zu. »Ich weiß ja nicht, wie es dir geht, aber ich habe plötzlich großen Hunger.«

Wider Willen musste Lucy lachen und sie folgten den anderen zu dem Bus, der vor dem Hotel wartete.

8

Am selben Morgen sprach Simon in der Schule jeden an, den er traf – sogar Kids, die er gar nicht kannte –, und fragte nach, ob es in der Familie jüngere Geschwister gab und ob vielleicht am Wochenende ein Babysitter benötigt wurde.

»Bist du verrückt?«, meinte sein Freund Paul. »Wenn meine Eltern ausgehen, bin *ich* derjenige, der auf den kleinen Dummkopf aufpassen muss.«

»Ich kann dich doch mal vertreten«, schlug Simon vor, »dann hast du einen ganzen Abend frei.«

»Warum sollten meine Eltern dich bezahlen, wenn sie mich umsonst haben können?«, entgegnete Paul.

»Echt wahr!«, sagte Simon. »Wir sind die reinsten Arbeitssklaven.«

»Hast du mit deiner kleinen Schwester nicht schon genug um die Ohren?«, fragte Paul.

»Weißt du«, entgegnete Simon, »ich bin auch nicht gerade glücklich über meine Lage. Ich muss einfach ein bisschen Geld verdienen.«

»Tut mir Leid, Mann«, sagte Paul und schüttelte den Kopf. »Ich kann dir leider nicht helfen.«

Simon seufzte. »Trotzdem danke!«

Bei den anderen, mit denen er redete, war es ähnlich. Entweder hatten sie gar keine jüngeren Geschwister oder sie spielten selbst den Babysitter.

Ist ja auch klar, dachte Simon. Ich packe die Sache ganz falsch an!, wurde ihm bewusst. Er musste mit den jüngeren Kids sprechen oder direkt mit ihren Eltern.

In seinem Rucksack steckte eine Liste mit Namen und Telefonnummern, die er am Vorabend zusammengestellt hatte. Nach der Schule wollte er sofort mit dem Anrufen beginnen. Und bis dahin musste er einfach abwarten und darauf hoffen, dass seine Mutter bei der Suche nach einem Job für ihn mehr Erfolg gehabt hatte.

In Washington hatte Lucy unterdessen nicht viel Zeit, sich Gedanken über ihr Gespräch mit der Senatorin zu machen, denn Alex nahm die Gruppe mit auf eine spannende Insider-Tour durch das Regierungsviertel.

Die ersten Programmpunkte nach dem Frühstück waren das Kapitol und das Repräsentantenhaus. Als Senatorenmitarbeiter hatte Alex Zugang zu Orten, die normalen Reisegruppen verschlossen blieben. Er führte sie über die Hintertreppe in die Abgeordnetenbüros und stellte ihnen die Mitarbeiter vor, die von ihrer Arbeit berichteten und erklärten, was an diesem Tag gerade anstand. Sie begegneten sogar einem der Repräsentanten von Kalifornien! Er war nur kurz in sein Büro gekommen, bevor er wieder zurück in eine Sitzung musste, aber er nahm sich trotzdem etwas Zeit, um mit den Schülern und Schülerinnen zu sprechen und ihre Fragen zu beantworten.

Je mehr Leute sie kennen lernten, desto besser fühlte sich Lucy. Sicher, Politiker hatten viel zu tun. Sie waren sehr beschäftigt und standen unter einem unglaublichen Zeitdruck. Vielleicht mussten sie deshalb mit ihrer Zeit so sorgsam umgehen und sie sich möglichst gut einteilen. Sie hatten eben so wenig davon.

Aber die Menschen, denen sie begegnet waren, taten das, was sie taten, ganz eindeutig aus Leidenschaft und mit großem Engagement. Sie setzten sich für ihre Sache ein.

Sie geben ihr Bestmögliches für andere Menschen, dachte Lucy. Genau wie ich.

Nachdem er die Gruppe durch das Gebäude geführt und ihnen viele Leute vorgestellt hatte, nahm Alex sie mit auf die Besucherempore. Von dort konnten sie das Repräsentantenhaus in Aktion erleben und sie hörten den Abgeordneten zu, die sich in ihren Reden für einen Gesetzentwurf zur Kontrolle des Schusswaffenbesitzes aussprachen.

Unter der Decke hing ein Monitor, auf dem der Name des Gesetzes zu lesen war. Wenn eine Abstimmung erfolgt war, so erklärte Alex, konnte man auf dem Bildschirm ablesen, wie viele Abgeordnete für den Gesetzentwurf und wie viele dagegen gestimmt hatten. Auch die Stimmenthaltungen wurden in der Liste auf dem Monitor erfasst.

Während Lucy durch die Glasscheibe das Geschehen verfolgte, stellte sie sich vor, wie sie selbst am Rednerpult stand und eine leidenschaftliche Rede über Organisationen wie die *Heimstätten für Menschlichkeit* hielt und die anderen Abgeordneten davon zu überzeugen versuchte, wie wichtig sie waren.

Eines Tages würde sie vielleicht dort unten stehen. *Eines Tages*. In diesem Augenblick musste Lucy sich jedoch damit begnügen, auf ein Gespräch mit der Senatorin am Abend zu hoffen – ganz egal, was Shannon dazu sagte.

Nachdem sie die Besucherempore wieder verlassen hatten, zeigte ihnen Alex zwei Räume im Kapitol, in denen früher einmal der Oberste Gerichtshof getagt hatte.

»Natürlich hat er mittlerweile sein eigenes Gebäude«, erklärte Alex, »und das werde ich Ihnen am Nachmittag zeigen. Aber da wir nun schon einmal hier sind, wollen wir uns erst noch den Senat ansehen, oder?«

Die ganze Gruppe stimmte ihm begeistert zu und so führte Alex sie auf die andere Seite des Gebäudes in die Senatskammer. Wie im Repräsentantenhaus gab es dort eine Tribüne, von der aus man das Geschehen beobachten konnte.

Zuerst dachte Lucy, Alex habe sich vielleicht geirrt und es finde gar keine Sitzung statt, denn es waren nur zehn Leute im Saal anwesend. Aber doch, dort stand ein Senator am Rednerpult. Er las aus einem Buch vor, einem dicken Buch mit dünnen weißen Seiten …

»Ein Telefonbuch?«, fragte Lucy laut. Erstauntes Gemurmel erhob sich und alle redeten durcheinander. Alex runzelte die Stirn.

»Wie wir befürchtet haben«, sagte er leise. Dann schien er sich an seine Schützlinge zu erinnern und hob die Stimme. »Filibuster«, sagte er.

»Fili ... was?«, fragte Sean.

»Filibuster«, wiederholte Alex. »Das ist schwer zu erklären. Im Gegensatz zum Repräsentantenhaus haben die Redner im Senat unbegrenzte Redezeit. Wenn ein Senator das Wort ergriffen hat, kann er so lange reden, wie er will, und niemand kann einen weiteren Programmpunkt vorbringen.« Er holte tief Luft und fuhr fort.

»Es ist eine Art Verzögerungstaktik. Das kennt ihr vielleicht vom Football oder Basketball. Und in diesem Fall hier versucht die Opposition gerade einen Sieg zu erringen, indem sie das Prozedere unendlich in die Länge zieht. Zu siegen bedeutet für sie, den Gesetzentwurf zu verhindern, der gerade zur Debatte steht und der übrigens von Senatorin Keims unterstützt wird.«

»Alex«, schaltete sich Stacey schüchtern ein. »Liest dieser Senator wirklich aus dem Telefonbuch vor?«

Alex nickte. »Das tut er. Es ist ganz egal, woraus seine Rede besteht. Er muss einfach nur weitersprechen.«

Lucy war platt. Das ist ja absolut lächerlich!, dachte sie. Wir sind im Senat der Vereinigten Staaten und dieser Mann liest Namen aus dem Telefonbuch von Washington vor!

»Wie lange kann so was dauern?«, fragte jemand.

Alex zuckte mit den Schultern. »Stunden, manchmal

sogar Tage. Nach einer gewissen Zeit wird dieser Senator das Wort an ein anderes Mitglied seiner Partei weitergeben und dieser Senator macht dann weiter. Vielleicht liest er weiter aus dem Telefonbuch, vielleicht aus irgendeinem anderen Buch. Einer hat mal Gedichte aus Whitmans *Grashalme* vorgetragen.«

Eine ganze Weile lang herrschte Schweigen und die Gruppe hörte zu, wie der Senator Namen vorlas, die alle mit »B« anfingen. Schließlich sah Alex auf seine Uhr und sagte: »Hören Sie, es ist fast schon Zeit fürs Mittagessen. Ich denke, ich zeige Ihnen, wo man hier etwas zu essen bekommt. Ich werde inzwischen kurz im Büro vorbeischauen und nachhören, was es Neues gibt. Eine Stunde später hole ich Sie dann wieder hier ab.«

Ms. Russell und Mr. Truscott waren einverstanden und so verließ die ganze Gruppe die Tribüne. Lucy ging neben Tyler und Meghan.

»Ich kann es nicht glauben«, sagte sie.

»Ja«, meinte Meghan. »Das ist wirklich albern.«

»Das ist es«, bemerkte Tyler, »aber das überrascht mich gar nicht. Alex hat ganz Recht, es ist wie ein Spiel. Nur geht es bei diesem Spiel hier darum, Gesetze zu machen.«

»Aber genau deshalb sollte es eben kein Spiel sein«, entgegnete Lucy.

Tyler schüttelte den Kopf. »Alles ist ein Spiel«, sagte er, »ob es uns nun gefällt oder nicht.«

»Jetzt redest du schon wie Sean oder Shannon«, beschwerte sich Lucy.

Tyler zuckte mit den Schultern. »Ich bin nicht sicher, ob die beiden so ganz falsch liegen. Sie sind vielleicht nur ein bisschen extrem.«

»Das kann ja wohl nicht wahr sein«, empörte sich Lucy. Aber im Grunde machte es Sinn, was Tyler gesagt hatte. Und ihr selbst war es am Morgen ja auch schon klar geworden.

Man kann nicht gewinnen, wenn man nicht mitspielt, dachte sie und runzelte die Stirn. Und was geschieht, wenn ich gar nicht ins Spiel komme?

Sie aßen in der Cafeteria des Kapitols zu Mittag, was bestimmt viel mehr Spaß gemacht hätte, wenn Lucy in besserer Stimmung gewesen wäre. Sie ärgerte sich über Shannon, die das, was sie im Senat miterlebt hatten, kein bisschen schlimm zu finden schien. Es tröstete sie nicht, dass der Rest der Gruppe das anders sah.

Als sie mit dem Essen fertig waren, kam ein Bote in die Cafeteria und steuerte auf ihre Gruppe zu. Er war ungefähr in ihrem Alter und trug einen blauen Blazer und eine rote Krawatte, was verdächtig nach Uniform aussah. Lucy beobachtete, wie er kurz mit Ms. Russell sprach und ihr dann eine Nachricht übergab. Ms. Russell las sie durch, reichte sie an Mr. Truscott weiter und dankte dem Jungen, der sofort wieder kehrtmachte und im Laufschritt die Cafeteria verließ.

»Habt ihr diesen Typen gesehen?«, fragte Lucy.

»Hm-hm«, machte Tyler. »Ich glaube, das war ein Page.«

»Ein Page?«, fragte Meghan. »Was ist das denn?«

»Das sind Studenten, die tagsüber für die Kongressmitglieder arbeiten und abends auf eine Schule gehen, die vom Kongress eingerichtet wurde«, erklärte Tyler. »Mein Cousin hat das mal gemacht.«

»Wow!«, staunte Lucy. »Das klingt ja toll!«

Tyler zuckte mit den Schultern. »Sie müssen unheimlich viel rumrennen und Nachrichten überbringen. Aber meinem Cousin hat es ziemlich gut gefallen.«

Als Ms. Russell sich erhob, drehten sich alle zu ihr, um zu hören, was sie zu sagen hatte. »Alex wird leider heute Nachmittag keine Zeit für uns haben.«

Lucy bekam mit, wie viele der Mädchen lange Gesichter machten – auch Shannon.

»Aber er will mit uns zu Abend essen. Er hofft, er kann die Senatorin mitbringen.«

Die eben noch traurigen Mienen hellten sich wieder auf. Auch Shannon lächelte. Und wie Lucy vermutete, lag es nicht daran, dass die Senatorin vielleicht mit der Gruppe zu Abend essen würde.

»Wir sollen mit der Tour weitermachen wie besprochen, schlägt Alex vor. Er hat uns überall angemeldet, damit wir genauso viel sehen wie heute Morgen. Also, auf zum Obersten Gerichtshof!«

»Cool!«, rief Tyler.

»Dann wollen wir mal hoffen, dass sie da etwas Interessanteres machen, als aus dem Telefonbuch vorzulesen«, bemerkte Meghan.

Am Nachmittag fuhr Mrs. Camden bei der Highschool vorbei, um Simon abzuholen. Simon lief dem Wagen entgegen und sprang auf den Beifahrersitz. Hinten saß Ruthie.

»Und?«, fragte er seine Mutter.

Mrs. Camden warf einen prüfenden Blick über die Schulter und fuhr los. »Was, und?«, fragte sie zurück.

»Du weißt schon«, sagte Simon. »Hast du jemanden gefunden, der am Wochenende einen Babysitter braucht?«

»Ach, das meinst du«, entgegnete Mrs. Camden. »Da habe ich eine gute und eine schlechte Nachricht.«

Simon stöhnte. »Bitte zuerst die gute!«

»Die gute Nachricht ist folgende: Alle, mit denen ich geredet habe – und ich habe mit vielen Leuten geredet, nicht wahr, Ruthie?«

»Stimmt!«, rief Ruthie vom Rücksitz.

»Jedenfalls waren alle, mit denen ich geredet habe, erfreut zu hören, dass du ins Babysittergeschäft einsteigen willst. Wie ich mir dachte, halten dich die meisten Erwachsenen für einen vernünftigen, umsichtigen Jungen, von dem sie gern ihre kleinen Kinder beaufsichtigen lassen.«

Simon freute sich, obwohl er die ganze Zeit an den schlechten Teil der Nachricht denken musste.

»Aber?«, drängte er.

»Aber«, fügte seine Mutter hinzu, »am Wochenende braucht dich niemand. Die einen wollen gar nicht ausgehen und die anderen haben schon einen Babysitter bestellt.«

»Hast du ihnen erzählt, wie niedrig mein Stundenlohn ist?«, fragte Simon.

Mrs. Camden nickte. »Natürlich habe ich das, Simon, aber es ist nicht sehr nett, einem Babysitter abzusagen, nur weil ein anderer weniger verlangt.«

Simon stöhnte.

»Mrs. Richardson und Mrs. Youngs brauchen beide jemanden in der nächsten Woche«, fuhr seine Mutter fort. »Du musst einfach ein bisschen Geduld haben. Warte ein wenig. Denn wie ich schon sagte, wirst du schneller Anfragen ablehnen müssen, als du denkst.«

»Ich will aber gar keine Anfragen ablehnen«, erwiderte Simon. »Ich will ein paar Jobs machen und die Sache schnell hinter mich bringen!«

Mrs. Camden sah ihre Tochter im Rückspiegel an. »Nun, einen Vorschlag hätte ich noch auf Lager«, sagte sie.

Simon sah sie an. »Was für einen?«, fragte er.

Ruthie seufzte. »Mom!«, rief sie.

Mrs. Camden warf einen strengen Blick in den Rückspiegel. »Ruthie ...«

Ruthie sah Simon an. »Kennst du meine Freundin Ashley Green?«, fragte sie.

»Nein«, antwortete Simon. »Sollte ich sie kennen?«

»Ach was, sie kommt nur jeden Tag zum Spielen zu mir!«, entgegnete Ruthie.

»Kurzes, lockiges blondes Haar?«, half ihm seine Mutter auf die Sprünge.

»Nein«, sagte Simon. »Ich kenne sie nicht.«

»Aber sie kennt dich ziemlich gut«, warf Ruthie ein.

Simon sah seine Schwester durchdringend an. »Was soll das denn bedeuten?«, fragte er.

»Nichts«, antwortete Ruthie. »Ashley hat mich gefragt, ob ich morgen Nacht bei ihr schlafen kann. Ihre Eltern gehen aus und sie haben gesagt, es ist okay, aber sie brauchen einen Babysitter.«

Simon fiel die Kinnlade runter. »Nein!«, rief er. »Nein! Auf keinen Fall werde ich für dich und deine Freundin gleichzeitig den Babysitter spielen!«

»Gut!«, meinte Ruthie zufrieden und verschränkte die Arme vor der Brust. »Siehst du, Mom? Er will es gar nicht machen! Ich habe Ashley ja gleich gesagt, es ist eine blöde Idee.«

Mrs. Camden zuckte mit den Schultern. »Es ist deine Entscheidung, Simon. Aber Mr. und Mrs. Green würden dir zehn Dollar die Stunde geben, weil du auf zwei Kinder aufpasst. Ich finde das sehr großzügig, wenn man bedenkt, dass eins davon ja deine Schwester ist.«

Simon sank auf dem Beifahrersitz zusammen. Da konnte er einfach nicht nein sagen. Er musste es tun. Aber es war schrecklich. Was macht man nicht alles für Geld!, dachte er niedergeschlagen. Aber wenn er diesen Job annahm, erreichte er sein Ziel viel schneller, und das machte die Sache erträglich. Hoffte er zumindest.

»Ich mache es«, sagte er.

»Gut«, meinte Mrs. Camden. »Das freut mich.«

»Mich nicht«, bemerkte Ruthie.

»Prima, dann sind wir ja schon zwei«, bemerkte Simon genervt.

»Wenn wir nach Hause kommen, rufst du Mrs. Green am besten gleich an und sagst es ihr«, meinte Mrs. Camden. »Frag sie, um welche Uhrzeit du bei ihnen sein sollst, wie spät sie zurückkehren und ob Mr. Green dich dann noch schnell nach Hause fahren kann.«

»Okay«, sagte Simon.

»Ich bin stolz auf dich, Simon«, fügte seine Mutter hinzu. »Natürlich hattest du dir unter deinem ersten Job etwas anderes vorgestellt, das weiß ich, aber auf dem Weg zum Erwachsenwerden muss man auch lernen, flexibel zu sein. Und wie ich zugeben muss, bin ich ganz froh, dass Ruthie dabei sein wird – falls du Hilfe brauchst.«

»Mom!«, schrien Simon und Ruthie wie aus einem Munde.

Aber Mrs. Camden lächelte nur.

9

Obwohl es Lucy sehr zu schaffen machte, was sie im Senat erlebt hatten, fand sie das Nachmittagsprogramm doch unheimlich spannend.

Sie begannen mit dem Obersten Gerichtshof. Dort fand gerade eine Anhörung statt und die ganze Gruppe durfte sich hinten in den Raum schleichen und zuhören, wie die Anwälte ihre Fälle darlegten und versuchten, die Fragen zu beantworten, die ihnen von den Richtern gestellt wurden.

Lucy verstand nicht alles, was da besprochen wurde, aber das brauchte sie auch gar nicht. Die Argumente der Anwälte waren unglaublich – irgendwie entstand der Eindruck, beide Seiten seien im Recht. Und die Richter hakten mit ihren bohrenden, kompetenten Fragen nach. Es war natürlich eine ganz andere Ebene, aber im Grunde erinnerte Lucy das Vorgehen vor Gericht an das, was sie auch in der Schule in der Schülergerichts-AG machten.

Tyler war hin und weg und saß wie gebannt da. Sie blieben ein, zwei Stunden dort und als es Zeit wurde zu gehen, mussten sie ihn praktisch aus dem Saal schleppen, so groß war seine Faszination.

Als Nächstes ging es zum Nationalarchiv, wo die Unabhängigkeitserklärung und die Verfassung ausgestellt waren. Es war ein unglaubliches Gefühl, diese mit Tinte geschriebenen Dokumente im Original aus der Nähe zu betrachten, die unter dickem Glas verwahrt wurden.

Vor über zweihundert Jahren, dachte Lucy begeistert, hat Thomas Jefferson das alles eigenhändig mit der Feder auf diesem Stück Pergament aufgeschrieben.

Sich das vorzustellen raubte Lucy beinahe den Verstand.

Inzwischen war es schon fast achtzehn Uhr. Da sie mit Alex und der Senatorin um zwanzig Uhr zum Dinner in einem Restaurant verabredet waren, mussten sie nun wieder in den Bus steigen und zum Hotel zurückfahren.

Auf ihrem Zimmer angekommen, merkte Lucy, wie sie wieder nervös wurde. Sie sah rasch noch einmal ihre Notizen durch, aber die kannte sie mittlerweile schon auswendig.

Shannon war gerade aus dem Badezimmer gekommen und stand vor dem Kleiderschrank.

»Schon wieder fleißig, Camden?«, fragte sie.

Meghan lag auf dem Bett und ruhte sich ein bisschen aus, während Stacey unter die Dusche ging. »Warum so besorgt, Forester? Hast du Angst, die Senatorin könnte sich für das interessieren, was Lucy zu sagen hat?«, gab sie zurück.

»Oh, darüber mache ich mir keine Gedanken«, entgegnete Shannon. Sie holte ein Kleid aus dem Schrank und warf es aufs Bett. »Ich möchte nur nicht, dass Lucy ihre Zeit verschwendet. Gestern habe ich gesagt, wir würden die Senatorin nicht zu Gesicht kriegen. Und was war? Haben wir sie gesehen?«

Shannon schüttelte den Kopf und beantwortete sich die Frage selbst: »Nein. Und warum? Weil wir nur kleine Fische in einem großen Teich sind.«

Lucy seufzte. Sie klappte ihren Ordner zu und steckte ihn wieder in den Rucksack. »Vielleicht hast du Recht«, sagte sie. »Vielleicht sehen wir die Senatorin heute nicht. Möglicherweise sehen wir sie auch gar nicht mehr. Aber das muss ja nicht zwangsläufig bedeuten, wir wären ihr nicht wichtig. Es zeigt einfach nur, wie viel sie zu tun hat.«

Shannon schlüpfte in ihr Kleid und setzte sich vor den Spiegel. »Das ist ein schöner Traum«, entgegnete sie und fing an, sich einen Zopf zu flechten. »Ich will dir mal erzählen, was wirklich geschehen wird. Die Senatorin wird nicht zum Dinner erscheinen, aber Alex kommt. Und während du dasitzt und dir wünschst, alles möge anders sein, werde ich tun, was ich tun muss.«

Shannon zögerte und sah Lucy im Spiegel an. »Tut mir Leid, Lucy«, sagte sie. »Aber so ist es nun mal.« Mit geübter Hand legte sie systematisch Strähne über Strähne und flocht ihren Zopf zu Ende.

»Und deshalb werde ich immer die Siegerin sein«, erklärte sie, »und du die Verliererin.«

Am Abend ließ sich die Senatorin entschuldigen. Wie Alex erklärte, konnte sie wegen der Verzögerungen durch den Dauerredner am Nachmittag nicht zum Dinner kommen. Aber sie wollte sich beim Präsidentenball am folgenden Abend mit der Klasse treffen.

Lucy überraschte das nicht, aber enttäuscht war sie trotzdem. Es hätte ihr gut gefallen, wenn Shannon diesmal nicht Recht behalten hätte. Aber die hatte sich natürlich schon einen Platz neben Alex gesichert und war eifrig dabei, ihn voll zu quatschen. Eines Tages wollte Shannon in Washington arbeiten und sie tat, was nötig war, um das zu erreichen.

Was hatte Tyler gesagt?, grübelte Lucy. Alles ist ein Spiel. Und wenn du nicht mitspielst, kannst du nicht gewinnen! Lucy wartete ab. Endlich stand das Mädchen auf, das auf der anderen Seite von Alex saß, um zu einer Freundin am anderen Ende des Tischs zu gehen. Ohne lange nachzudenken sprang Lucy von ihrem Stuhl.

»Lucy«, fragte Meghan, »wo willst du ...«

Aber Lucy hörte gar nicht zu, ging um den Tisch und setzte sich rasch auf den leeren Stuhl neben Alex. Er sah sie an.

»Oh, hallo«, sagte er. »Lucy, nicht wahr?«

Lucy lächelte. »Stimmt«, antwortete sie. Gott, sieht der gut aus!, dachte sie. Denk nicht daran, denk nicht daran ...

Auf der anderen Seite von Alex runzelte Shannon die Stirn und schüttelte den Kopf. Einen Augenblick lang war Lucy versucht, mit Alex zu flirten, wie Shannon es tat.

Aber sie überlegte es sich noch einmal anders. Wenn ich es schaffen will, dachte sie, muss ich es auf *meine* Art machen!

»Alex, ich möchte mich für mein Verhalten heute Morgen entschuldigen«, sagte sie. »Normalerweise stehe ich nicht so auf der Leitung.«

Alex lächelte. »Ist schon in Ordnung«, sagte er. »Kann ja mal passieren.«

Lächelnd schüttelte Lucy den Kopf. »Ich komme mir so dumm vor!«

»Das müssen Sie nicht«, entgegnete Alex. »Eigentlich ist es ja recht schmeichelhaft für mich.«

Lucy zögerte und blickte über den Tisch. Tyler und Meghan beobachteten sie und machten ihr schnell ein aufmunterndes Daumen-Hoch-Zeichen.

Lucy fasste sich ein Herz und ergriff das Wort. »Alex, es gibt etwas, über das ich gern mit der Senatorin reden würde, und ich dachte, ich könnte es vielleicht zuerst mit Ihnen besprechen.«

»Sicher«, entgegnete Alex. »Um was geht es denn?«

»Es geht um die *Heimstätten für Menschlichkeit*«, begann Lucy. »Ich arbeite für diese Organisation und ...«

Sie schnappte nach Luft, denn in diesem Augenblick lief ihr etwas Kaltes über die Schulter. Sie sprang auf und ihr Stuhl kippte nach hinten. Erst da bemerkte sie, dass der Platz auf der anderen Seite von Alex leer war.

Lucy wirbelte um die eigene Achse. Shannon stand hinter ihr. In der einen Hand hielt sie ein leeres Glas, die andere schlug sie sich vor den Mund.

»Lucy, es tut mir *so* Leid!«, rief sie. »Ich weiß gar nicht, wie das passieren konnte. Ich habe mich nur ein bisschen vorgebeugt, weil ich hören wollte, was du Alex erzählst – es klang so interessant! Und dabei muss ich dummerweise mein Glas verschüttet haben.«

Lucy sah an sich herunter. Das Oberteil ihres Kleides war patschnass. Shannon musste ein volles Glas über ihr ausgeschüttet haben. Was war es überhaupt? Cola?

Schweigen breitete sich am Tisch aus. Alle sahen zu Lucy herüber. Alex war halb vom Stuhl aufgesprungen und streckte eine Hand nach ihr aus.

Lucy spürte, wie ihr Gesicht ganz heiß vor Scham und Wut wurde. Leise stammelte sie: »Entschuldigen Sie mich bitte!«, bevor sie sich an Shannon vorbeidrängte, um den Toilettenraum aufzusuchen.

10

Lucy eilte durch das Restaurant. Obwohl sie dabei ihren Blick fest auf den Boden heftete, bekam sie mit, wie die Leute an den anderen Tischen sich nach ihr umdrehten.

Endlich fand sie die Tür zur Damentoilette und schlüpfte rasch hinein. Der Vorraum war groß und außer ihr schien niemand da zu sein. In dem Spiegel über den Waschbecken konnte sich Lucy zum ersten Mal die Bescherung ansehen. Auf der ganzen rechten Seite klebte ihr vom Hals bis zur Taille der Stoff des Kleides auf der Haut.

Lucy bekam einen dicken Kloß im Hals und ihr stiegen die Tränen in die Augen, aber sie kämpfte dagegen an. Sie wollte Shannon nicht die Genugtuung verschaffen, sie zum Weinen gebracht zu haben.

Denk nach!, ermahnte sie sich. Denk nach!

Shannon hatte ihr eine Cola übers Kleid geschüttet und daher war der Stoff nicht nur nass, sondern auch total klebrig.

Wasser!, dachte Lucy. Ich muss als Erstes die Cola rauswaschen!

Sie drehte das heiße Wasser auf, griff zu den Papiertüchern, feuchtete eins an und begann damit auf ihrer Schulter herumzutupfen.

Aber es war hoffnungslos, da war nichts mehr zu retten. Shannon hatte ihr das Kleid ruiniert! In diesem Augenblick konnte Lucy die Tränen nicht mehr zurückhalten. Das Schlimmste von allem war die Vorstellung, wie Shannon da draußen im Restaurant saß und mit Alex plauderte, als sei gar nichts geschehen.

Nachdem es ihr gelungen ist, mich loszuwerden, dachte Lucy bitter.

Hinter ihr ging leise die Tür auf. »Hey!«, sagte Meghan sanft.

»Hey«, krächzte Lucy und ihr stieg vor Scham wieder die Röte ins Gesicht.

Ihre Freundin kam zu ihr und umarmte sie. »Shannon ist wirklich das Letzte!«, sagte sie.

Lucy konnte nur nicken.

»Aber du hast verpasst, wie Ms. Russell sie angemeckert hat.«

»Ist das wahr?«, fragte Lucy.

»Hm-hm«, machte Meghan. »Shannon hat zwar immer wieder beteuert, es sei ein Missgeschick gewesen, aber niemand hat ihr geglaubt. Sie konnte es offensichtlich nicht ertragen, dass du mit Alex gesprochen hast. Er hat dir nämlich tatsächlich zugehört.«

Lucy seufzte und tupfte von neuem auf ihrem Kleid herum, jedoch ohne sichtbaren Erfolg. Meghan hielt ein Papiertuch unters Wasser und begann ihr zu helfen.

»Na ja, jetzt spreche ich ja nicht mehr mit ihm«, meinte Lucy.

»Shannon aber auch nicht«, entgegnete Meghan. »Ms. Russell hat sie in den Bus geschickt. Mr. Truscott hat sie persönlich rausgebracht. Ich glaube, ich habe ihn noch nie so wütend erlebt!«

Lucy musste trotz allem lachen. »Was? Mr. Truscott war *wütend*?«

Meghan lachte ebenfalls. »Ich weiß, es ist kaum zu glauben, aber ich habe es mit eigenen Augen gesehen.«

Schweigend arbeiteten sie eine ganze Weile an dem Fleck auf Lucys Kleid. Nachdem sie ihn ordentlich mit Wasser durchtränkt hatten, tupften sie den Stoff, so gut es eben möglich war, trocken.

»Fertig!«, sagte Meghan schließlich zufrieden. »Das Gröbste hätten wir geschafft. Ich wette, den Rest kriegt deine Mutter wieder hin.«

Lucy betrachtete sich im Spiegel und fing wieder an zu lachen. Ein großer dunkler Fleck zierte die rechte Seite des Vorderteils ihres Kleides.

»Ich weiß nicht«, sagte sie. »Vielleicht kann noch nicht mal meine Mutter das Kleid retten.«

In diesem Augenblick klopfte es an der Tür. »Lucy?«, fragte jemand. Es war Ms. Russell.

Meghan öffnete die Tür und Ms. Russell kam herein. Sie sah Lucy an und runzelte die Stirn. »Alles in Ordnung mit Ihnen?«, fragte sie.

Lucy nickte. »Oh ja«, sagte sie. »Es war nur der Schreck, weiter nichts.«

Ms. Russell nickte. »Shannon muss Ihnen die Reinigung bezahlen. Und falls der Schaden nicht zu beheben ist, muss sie für ein neues Kleid aufkommen.«

Unerklärlicherweise stieg in Lucy wieder dieses Peinlichkeitsgefühl auf und sie spürte, wie sie rot wurde. »Ms. Russell, das ist doch nicht nötig …«

»Ich bedauere, in dieser Angelegenheit haben Sie kein Mitspracherecht«, entgegnete Ms. Russell. »Shannon kann froh sein, dass ich sie nicht auf der Stelle in den erstbesten Flieger nach Los Angeles setze.«

»Oh, Ms. Russell, das würden Sie tun?«, platzte Meghan heraus.

Ms. Russell bedachte sie nur mit einem strafenden Blick und drehte sich dann wieder zu Lucy um. »Ach, draußen wartet übrigens jemand, um mit Ihnen zu reden, wenn Sie hier fertig sind.«

Sie nickte ihnen noch einmal kurz zu und verließ den Toilettenraum.

Lucy und Meghan sahen sich an.

»Glaubst du …?«, setzte Lucy an.

»Wer denn sonst?«, entgegnete Meghan. »Ha! Geschieht Shannon ganz recht. Da sieht man's mal wieder: Fiese Charaktere kommen einfach nicht durch. Mit ihrer Gehässigkeit hat sie sich selbst geschadet.«

Lucy betrachtete prüfend ihr Spiegelbild. Das Letzte, wonach ihr in diesem Augenblick der Sinn stand, war, Alex gegenüberzutreten. Die Sache war ihr so schrecklich peinlich! Denk an die *Heimstätten*!, ermahnte sie sich jedoch. Denk einfach nur an die *Heimstätten*!

Sie holte tief Luft und sah Meghan an. »Wie sehe ich aus?«, fragte sie.

»Hinreißend!«, antwortete Meghan.

Draußen vor dem Toilettenraum stand tatsächlich Alex. Mit verschränkten Armen lehnte er an der Wand.

»Hey!«, rief er, als er die beiden Mädchen erblickte, und kam auf sie zu. »Alles in Ordnung?«, fragte er Lucy.

Meghan grinste Lucy kurz an und schmuggelte sich an Alex vorbei, um ins Restaurant zurückzukehren.

»Ja«, antwortete Lucy. »Das Ganze ist mir nur ein bisschen peinlich.«

Alex schüttelte den Kopf. »Es tut mir so Leid, Lucy. Wenn es irgendetwas mit mir zu tun hat ...«

»Mit Ihnen?«, fragte Lucy.

»Manchmal kommen die Mädchen auf dumme Gedanken ...«

Lucy musste lachen. »Davon hat Shannon eine ganze Menge im Kopf!«

Alex lachte ebenfalls. Dann fragte er: »Sind Sie bereit, wieder reinzugehen?«

Lucy sah an sich herunter und seufzte. »Früher oder später muss es ja sowieso sein.«

Alex bot ihr galant seinen Arm an. »Sollen wir dann?«, fragte er.

Lächelnd hakte sich Lucy bei ihm unter. Alex zog sie ganz dicht an sich heran, legte die freie Hand auf ihre und zwinkerte ihr zu.

»Dann kommen Sie!«, sagte er.

Gemeinsam kehrten sie ins Restaurant zurück. Wie

Lucy überrascht feststellte, sah von den anderen Gästen niemand auf oder verdrehte den Kopf nach ihr. Endlich erspähte sie weiter vorn im Raum ihren Tisch. Die ganze Bande futterte und lachte und schwätzte um die Wette. Da drehte Sean sich zufällig um und entdeckte Lucy. Ein breites Grinsen erschien auf seinem Gesicht und er riss den Mund auf …

»Schönes Kleid, Camden!«

Die anderen lachten zwar alle, aber es klang kein bisschen gehässig, eher mitfühlend. Lucy lächelte in die Runde.

Alex führte sie an ihren alten Platz. Offenbar war ihr Stuhl ausgetauscht oder von irgendjemandem mit allergrößter Sorgfalt gereinigt worden. Sobald sich Lucy gesetzt hatte, tauchte ein Kellner an ihrer Seite auf und stellte einen Teller vor ihr auf den Tisch, der mit einer Haube bedeckt war. Der Kellner nahm die Haube ab und da stand ihr Dinner, das man extra für sie warm gehalten hatte.

»Vielen Dank«, sagte Lucy, aber der Kellner lächelte nur und machte eine Verbeugung.

Auch Alex nahm wieder Platz und sah Lucy interessiert an. »Also«, sagte er, »worum geht es? Was haben Sie mir vorhin erzählen wollen?«

11

Nach dem Abendessen ging es Lucy schon wieder viel besser. Alex hatte sich alles angehört, was sie über die *Heimstätten für Menschlichkeit* berichtete. Zunächst eher höflich, aber nach einer Weile zeigte sich ehrliches Interesse in seinem Gesicht. Als Lucy mit ihren Ausführungen zu Ende war, ermunterte Alex sie ausdrücklich, mit der Senatorin zu sprechen.

»Ich glaube, das Thema wird sie sehr interessieren«, sagte er. »Ich werde der Senatorin nahe legen, morgen Abend nach Ihnen Ausschau zu halten.«

Zu diesem Zeitpunkt waren die meisten anderen auch schon fertig mit dem Dinner und genossen den leckeren Nachtisch. Am ganzen Tisch gab es nur einen Gesprächsstoff: den unliebsamen Zwischenfall. Alle Mädchen – außer Stacey – waren schockiert, wie sie Lucy versicherten, und fanden die ganze Sache schrecklich. Die Jungen – insbesondere Sean – schienen sich jedoch unglaublich darüber zu amüsieren.

Als sie in den Bus stiegen, um zurück zum Hotel zu fahren, fanden sie Shannon an dem großen runden Tisch vor. Sie sah fern.

»Na, da seid ihr ja!«, sagte sie. »Habt ihr noch schön ohne mich gegessen?«

Die Jungen johlten und lachten, während die meisten Mädchen Shannon böse Blicke zuwarfen. Shannon lächelte in die Runde, als wäre alles nur ein großer Witz. Lucy blieb in der Tür stehen. Die gute Laune, die sich bei ihr eingestellt hatte, drohte blitzartig wieder zu verschwinden.

Wo nimmt Shannon bloß dieses unglaubliche Selbstbewusstsein her?, fragte sie sich.

»Komm«, sagte Meghan, »wir suchen uns hier vorne einen Platz.«

Lucy wollte sich schon umdrehen, aber dann hielt sie inne. »Nein!«, sagte sie. Sich vorn hinzusetzen war vielleicht die einfachste Maßnahme und möglicherweise auch die cleverste. Aber das einzig *Richtige* war, sich nicht zu verstecken und Shannon entgegenzutreten.

Shannon scherzte gerade mit Sean und einigen anderen Jungen über das, was geschehen war. Sie sah kurz zu Lucy herüber, wendete ihren Blick aber rasch wieder ab.

Lucy setzte sich auf den freien Sessel neben Tyler. Gemeinsam zappten sie durch das Fernsehprogramm. Schon bald fingen alle am Tisch an, witzige Bemerkungen über die Sendungen zu machen, die über den Bildschirm flimmerten, und es wurde viel gelacht.

Die ganze Zeit über hatte Lucy jedoch im Hinterkopf, dass Shannon nur ein paar Plätze weiter saß. Und Shannon, das spürte Lucy irgendwie, ging es umgekehrt genauso.

Als sie wieder im Hotel waren, schickte Ms. Russell die Bande sofort auf die Zimmer. Sie sollten schlafen, so lange sie wollten, gab sie ihnen noch mit auf den Weg. Der zweite und letzte Tag in Washington stand ihnen zur freien Verfügung. Außer dem Präsidentenball am Abend war kein Programm vorgesehen.

Auf dem Weg zu den Aufzügen nahm Ms. Russell Lucy beiseite. »Lucy, ist alles in Ordnung?«, fragte sie. »Soll ich Shannon und Stacey vielleicht in ein anderes Zimmer umquartieren?«

Lucy dachte darüber nach. Die Vorstellung, den kleinen Raum mit Shannon zu teilen, war furchtbar. Aber Shannon war diejenige, die etwas Unrechtes getan hatte, und Lucy hatte dieselben Gedanken wie im Bus. Es war bequemer, einfach ja zu sagen, sich nicht mit Shannon herumquälen zu müssen und sie für den Rest der Reise loszuwerden. Aber es war nicht richtig, vor Problemen wegzulaufen.

»Nein, Ms. Russell, das ist nicht nötig. Aber trotzdem danke«, sagte Lucy.

Ms. Russell sah sie mit durchdringendem Blick an. »Sind Sie sicher?«, hakte sie nach. »Vielleicht sollte ich es trotzdem tun.«

»Ja, tun Sie es trotzdem!«, schaltete sich Meghan ein, die hinter Lucy stand.

Ms. Russell sah sie stirnrunzelnd an. »Ich habe mit Lucy gesprochen«, bemerkte sie.

»Es ist okay, Ms. Russell. Machen Sie sich keine Sorgen. Wirklich!«, beruhigte Lucy die Lehrerin.

Ms. Russell nickte. »Also gut. Dann sehen wir uns morgen früh.«

»Bist du wahnsinnig?«, zischte Meghan Lucy zu, als sie zum Lift gingen. »Wir könnten sie für den Rest der Reise los sein!«

Lucy zuckte mit den Schultern. »Das ist wahr. Ich weiß auch nicht, was mit mir nicht stimmt.«

»Ich auch nicht«, pflichtete ihr Meghan bei.

Als sie in ihr Zimmer kamen, war Stacey im Bad – und Shannon saß am Schreibtisch und durchsuchte Lucys Rucksack.

»Hey!«, rief Lucy und marschierte auf sie zu. »Was machst du da?«

Shannon stellte den Rucksack lässig wieder auf den Boden. Dann stand sie auf, ging zum Spiegel und fing an, ihren Zopf aufzumachen. »Mich hat nur interessiert, womit du die Senatorin morgen belästigen willst«, sagte sie.

Lucy verschlug es vor Wut die Sprache.

Meghan hatte dieses Problem hingegen nicht. »Ach, wir sehen die Senatorin morgen? Dann hast du es dir wohl anders überlegt?«, gab sie zurück.

»Vielleicht«, sagte Shannon und sah weiter in den Spiegel.

Lucy ging zu ihrem Rucksack und prüfte den Inhalt. Beruhige dich!, dachte sie. Beruhige dich!

Es fehlte nichts.

»Die Senatorin belästigen?«, sagte sie so ruhig, wie sie konnte. »Ich werde ganz gewiss niemanden belästigen. Alex hat gesagt ...« Sie hielt inne. Fast hätte sie damit geprahlt, dass Alex die Senatorin auf sie hinweisen wollte. Aber eine innere Stimme riet ihr, diese Information lieber für sich zu behalten.

Shannon sah sie abwartend an. »*Was* hat er gesagt?«

Lucy stellte den Rucksack wieder hin und schüttelte den Kopf. »Nichts. Nun, doch, eigentlich eine ganze Menge. Wir haben uns nett unterhalten – nachdem du weg warst.«

»Ganz genau«, schaltete sich Meghan ein. »Und Lucy musste dazu nicht mit den Wimpern klimpern wie du!«

Shannon seufzte, drehte sich um und setzte sich auf den Hocker vor der Kommode. Sie nahm ihre Bürste und drehte sie in ihren Händen hin und her. »Lucy«, sagte sie, »ich habe es ehrlich gemeint, als ich mich vorhin entschuldigt habe. Ich weiß auch nicht, wie das passieren konnte. Ich war vermutlich ... tatsächlich ein bisschen eifersüchtig, weil Alex dir so aufmerksam zugehört hat. Das mit dem Kleid tut mir wirklich Leid. Ich würde dir den Schaden auch bezahlen, wenn Ms. Russell es nicht von mir verlangt hätte.«

Shannon sah Lucy kurz an und drehte sich wieder zum Spiegel um. Lucy wusste nicht, ob Shannon das, was sie gesagt hatte, tatsächlich auch meinte. Man konnte ihr nicht trauen. Aber vielleicht ist das gar nicht der Punkt, dachte Lucy. Der Punkt ist, sie hat es gesagt.

»Danke, Shannon«, antwortete sie schließlich. »Ich

glaube, meine Mutter kriegt das Kleid schon wieder hin. Mach dir keine Gedanken darüber!«

Meghan fielen fast die Augen aus dem Kopf. Sie starrte Lucy ungläubig an und formte mit den Lippen lautlos die Frage: »Bist du verrückt?«

Lucy lächelte nur. Es war ein gutes Gefühl, jemandem zu verzeihen, ganz besonders, wenn dieser Jemand Shannon war.

Dann ging die Badezimmertür auf und Stacey kam bettfein heraus. »Oh, hallo, Leute«, sagte sie. Suchend sah sie sich im Raum um und versuchte zu erraten, was los war.

»Deine Freundin hat sich gerade entschuldigt«, erklärte Meghan ohne große Umschweife.

Stacey fing an zu strahlen. »Hat sie? Das ist ja großartig!«

Lucy erwiderte Staceys Lächeln und Shannon bürstete kommentarlos ihr Haar. Meghan runzelte die Stirn.

Seufzend krabbelte Stacey ins Bett. »Seid ihr auch so aufgeregt wegen morgen?«, rief sie. »Man stelle sich vor: der Präsidentenball! Wir alle sind die Aschenputtel und der Präsident ist unser Prinz.«

»Erzähl das bloß nicht der First Lady!«, bemerkte Meghan.

Stacey fing an zu kichern und Meghan musste wider Willen grinsen. Sie holte ihr Schlafshirt und fing an, sich umzuziehen. Lucy stand auf. »Sind alle einverstanden, wenn ich mal eine Weile verschwinde? Ich glaube, ich brauche eine ausgiebige Dusche.«

»Ich muss nicht mehr ins Bad«, sagte Shannon, »mach nur!«

»Ich auch nicht, Lucy«, rief Meghan.

Also schnappte sich Lucy ihren Bademantel und ging ins Badezimmer. Froh, ein bisschen allein sein zu können, schloss sie die Tür. Es war ein langer Tag gewesen. Sie brauchte unbedingt eine heiße Dusche, um die schlechten Gefühle des Tages loszuwerden. Sie schlüpfte aus ihrem Kleid, das immer noch feucht war, hängte es an den Haken an der Tür und drehte den Heißwasserhahn auf.

Zwanzig Minuten später kam Lucy aufgewärmt, sauber und entspannt wieder aus dem Badezimmer.

Nur die Lampe auf dem Schreibtisch brannte noch. Die anderen waren schon im Bett und Meghan schnarchte leise.

Sie haben das Licht bestimmt für mich brennen lassen, dachte Lucy, tappte durchs Zimmer, knipste die Lampe aus und schlüpfte unter die Bettdecke.

12

Der letzte Tag des Washington-Ausflugs entpuppte sich als perfekter Frühlingstag. Weil es so warm war, zogen Lucy, Meghan und Tyler ohne Jacke los. Die drei hatten beschlossen, den Morgen und den Nachmittag komplett in dem großen Park mitten in der Stadt zu verbringen, der The Mall hieß. Dort befanden sich auch das Washington Monument und das Lincoln Memorial.

»Ich kann gar nicht glauben, dass wir morgen schon wieder nach Hause fahren«, sagte Tyler.

Die drei saßen auf der Wiese. Vor ihnen lag ein lang gestreckter, künstlich angelegter See, der so genannte Spiegelsee. Lucy legte den Kopf in den Nacken, blinzelte in die Sonne und wünschte sich, die warmen Strahlen könnten die hässlichen Gefühle vertreiben, von denen sie in der vergangenen Nacht geplagt worden war.

Schweigend sonnten sie sich eine ganze Weile und genossen den Ausblick. Auf der anderen Seite des Sees standen einige kleine Bäume, die über und über mit zartrosa und weißen Blüten besetzt waren. Über ihren Köpfen zog ein Flugzeug vorbei und malte einen weißen Streifen in den Himmel.

»Dann mal los!«, sagte Meghan schließlich und stand auf. »Wenn wir noch etwas sehen wollen, sollten wir uns in Bewegung setzen!«

Sie besichtigten das Lincoln Memorial und blieben andächtig vor der gewaltigen Statue des großen Mannes stehen. Dann wanderten sie zu dem hoch aufragenden Washington Monument. Dort entdeckten sie das in den Boden gemeißelte »V«, eine mahnende Erinnerung an den Vietnamkrieg, und beobachteten, wie immer wieder Besucher mit den Fingern über die Namen an den Wänden strichen. Zum Lunch kauften sie sich an einem kleinen Imbiss-Stand Hotdogs und Cola. Als sie sich zum Essen auf eine Bank setzten, scherzte Tyler, Lucy solle ihre Cola bloß nicht verschütten. Über die Baumkronen hinweg war in einiger Entfernung die Alabasterkuppel des Kapitols zu sehen.

»Ich glaube, wir müssen allmählich zurück zum Hotel«, sagte Lucy schließlich, als die Sonne unterzugehen begann.

»Ja«, pflichtete Meghan ihr bei. »Zeit für den Präsidentenball! Ob die Senatorin sich wohl endlich blicken lässt?«

Lucy lächelte. »Darauf wette ich!«

Die Senatorin ließ sich in der Tat blicken.

Aber vor der Abfahrt zum Ball mussten sich alle erst einmal ausgehfertig machen. Zwei Stunden lang herrschte großer Trubel in Lucys Hotelzimmer und die vier Mädchen rannten hektisch umeinander.

»Ich hoffe, wir sehen den Präsidenten!«, kreischte Stacey aufgeregt, während Shannon sich damit abmühte, ihr das Haar hochzustecken.

»Würde ich mich nicht drauf verlassen«, entgegnete Shannon mürrisch, aber die anderen Mädchen lachten sie nur aus und da zeigte sich tatsächlich auch auf ihrem Gesicht ein Grinsen.

»Es ist so aufregend!«, flüsterte Meghan Lucy ins Ohr.

Als die vier endlich in die Empfangshalle kamen, war erst die Hälfte der Gruppe anwesend. Ms. Russell und Mr. Truscott hingen am Haustelefon und riefen in allen Zimmern an, deren Bewohner noch nicht aufgetaucht waren. Sie sollten sich umgehend am Empfang einfinden, ob sie nun fertig waren oder nicht, lautete der Befehl.

Es war sehr merkwürdig, die Freunde im Festtagslook zu sehen – ein ungewohnter Anblick, fast so, als lerne man sie ganz neu kennen.

Die Jungen trugen alle Jackett und Krawatte. Manche standen sogar im kompletten Anzug da. Tyler zum Beispiel. Lucy und Meghan erblickten ihn auf der anderen Seite der Empfangshalle.

»Wow, sieht Tyler nicht großartig aus?«, fragte Lucy Meghan. Als sie keine Antwort bekam, drehte sie sich zu ihrer Freundin um. »Meghan?«

Meghan starrte in Tylers Richtung. »Hm?«, fuhr sie auf. »Tyler? Ja, er sieht ... Ist das wirklich Tyler?«

Als sie endlich vollzählig in der Halle versammelt

waren, führten Ms. Russell und Mr. Truscott sie zum Bus. Mr. Truscott sah in seinem geliehenen Smoking ungemein schneidig aus und Ms. Russell bot in ihrem kleinen Schwarzen mit Perlenkette dazu einen umwerfenden Anblick. Lucy war ganz schwindelig vor Aufregung, als sie zum Ausgang strömten. Für einen Abend schienen sie alle wie verwandelt. Sie sahen plötzlich aus wie Menschen, die ein glamouröses, wichtiges Leben führten.

Der Bus brachte sie zum Weißen Haus, fuhr durch das große Tor und hielt vor der Treppe an.

»Hallo, die Damen!«, rief Tyler Lucy und Meghan zu, als sie ausgestiegen waren. »Ist das nicht alles unglaublich?«

Und zum ersten Mal, seit Lucy ihre Freundin kannte, fehlten Meghan die Worte.

Tyler schenkte ihr ein strahlendes Lächeln. »Darf ich der Dame vielleicht meinen Arm anbieten?«, fragte er sie.

Meghan errötete und hakte sich bei ihm unter. Dann drehte sich Tyler zu Lucy um. »Miss Camden?«, fragte er.

»Vielen Dank, Sir«, entgegnete sie lächelnd. »Wie ungemein galant von Ihnen.«

Tyler beugte sich vor und raunte ihr verschwörerisch zu: »Ich glaube, das liegt an den Klamotten.«

Gemeinsam mit den anderen stiegen sie die Stufen zum Weißen Haus hinauf und betraten das Gebäude.

Bevor es zum Dinner ging, wurden den Gästen des Präsidenten in einer Reihe von Räumen, die mit Gemälden und Skulpturen ehemaliger Präsidenten geschmückt waren, Cocktails serviert.

Stacey hatte Recht gehabt – es war wirklich wie im Märchen. Alles glänzte und blinkte. In dem Kristallglas und Porzellan spiegelte sich das strahlende Licht der Kronleuchter. In einer Ecke spielte eine Kapelle patriotische Lieder.

Die gesamte Schülergerichts-AG stand dicht gedrängt auf einem Haufen und glotzte.

»Kommen Sie, stehen Sie nicht einfach mit offenen Mündern herum!«, rief Ms. Russell. »Mischen Sie sich unters Volk!«

»Ganz genau!«, pflichtete ihr Mr. Truscott bei, obwohl er für seinen Teil auch nicht so aussah, als sei er darauf scharf, sich unters Volk zu mischen.

Die Kids teilten sich in kleinere Gruppen auf und begannen umherzustreifen und sich alles und jeden anzusehen. Lucy, Meghan und Tyler beobachteten, wie diverse wichtig aussehende Erwachsene bei Leuten aus ihrer Klasse stehen blieben und mit ihnen redeten. Aber Lucy hatte es darauf abgesehen, mit einem ganz speziellen Gast zu sprechen.

Die ganze Zeit über verkündete ein Butler, der am Eingang stand, die Namen der neu eintreffenden Gäste. Nun hörten sie, wie er rief: »Die Senatorin von Kalifornien, die ehrenwerte Ms. Rachel Keims, mit ihrem Assistenten Mr. Alex Carpenter!«

Lucy verrenkte sich den Hals, um über die Köpfe der anderen Gäste hinweg etwas sehen zu können. Ihr schnürte sich der Magen zusammen. Am Eingang stand Alex, der lächelnd einige Leute begrüßte, die auf ihn zukamen. Und an seiner Seite ... die Senatorin!

Ms. Russell hatte sie recht gut beschrieben und sie sah tatsächlich der Frau sehr ähnlich, mit der Lucy sie im Hotel verwechselt hatte. Aber die Senatorin war kleiner als die grauhaarige Dame und in der Tat ein wenig mollig. Lucy fiel als Erstes ihr offener Blick auf. Ms. Russell ging ihr sofort entgegen und die beiden umarmten sich und begrüßten sich herzlich.

Alex blickte derweil suchend in die Menge. Als er Lucy entdeckte, winkte er ihr und kam auf sie zu.

Meghan stieß ihr den Ellbogen in die Rippen. »Showtime!«, raunte sie. Anscheinend hatte sie ihre Stimme wiedergefunden.

»Ich weiß, ich weiß«, entgegnete Lucy. »Hetz mich bitte nicht!«

Tyler fing an zu lachen und öffnete den Mund, um eine Bemerkung zu machen. Aber da wurde er plötzlich auf etwas aufmerksam und er blickte bestürzt drein.

»Lucy ...«, sagte er beunruhigt.

Lucy drehte sich um und stellte sich auf die Zehenspitzen, um besser sehen zu können.

Da war Shannon. Und Shannon redete mit der Senatorin!

»Ach, das ist in Ordnung«, sagte Lucy zu ihren Freunden. »Ich meine, warum sollte Shannon denn nicht mit ihr reden? Es wäre doch schön, wenn jeder von uns die Gelegenheit dazu bekäme, nicht wahr?«

Meghan und Tyler sahen Lucy mit sorgenvoller Miene an. Nach einem kurzen Zögern bemerkte Tyler: »Ich vertraue ihr nicht, Lucy.«

»Ich auch nicht«, pflichtete Meghan ihm bei.

Shannon stand ganz dicht bei der Senatorin, die ihr aufmerksam zuhörte und nickte.

»Lucy!«, rief Alex in diesem Augenblick, nachdem es ihm endlich gelungen war, sich einen Weg durch die Menge zu bahnen. »Gut, dass ich Sie gefunden habe! Ich habe der Senatorin von unserem Gespräch erzählt«, sagte er. »Hallo Leute!«, begrüßte er auch Meghan und Tyler.

Als keiner von den dreien reagierte, drehte Alex sich um und sah sofort, was ihre Aufmerksamkeit so in Anspruch nahm.

»Oh!«, machte er. »Oh.«

Dann bot er Lucy formvollendet seinen Arm an. »Miss Camden, darf ich um das Vergnügen bitten, Sie zu begleiten? Ich möchte Sie mit der Senatorin von Kalifornien bekannt machen.«

Lucy wandte sich ihm zu. »Mit Vergnügen, Alex«, sagte sie dankbar und hakte sich bei ihm unter.

Alex nickte den anderen beiden zu und führte Lucy zu der Senatorin. Als sich die Menge teilte, um sie durchzulassen, bedachten die Leute die beiden mit neugierigen Blicken. Alex kannten sie, aber wer seine Begleiterin war, wussten sie nicht.

Endlich standen sie vor der Senatorin.

»... ein sehr interessantes Thema«, sagte sie gerade zu Shannon. »Ich habe auch schon darüber nachgedacht. Wie war noch Ihr Name?«

»Ich bin Shannon Forester«, antwortete Shannon.

»Vielen Dank, Senatorin. Ich freue mich sehr, dass Ihnen meine Idee gefällt.«

Ihre Idee?, wunderte sich Lucy. Sie hätte zu gern gewusst, wovon die Rede war.

»Ach, Alex!«, sagte die Senatorin. »Diese clevere junge Frau hat mir gerade von den *Heimstätten für Menschlichkeit* berichtet und eine finanzielle Förderung durch die Regierung vorgeschlagen. Ist das nicht interessant?«

Die Senatorin drehte sich zu Shannon um. »Alex und ich haben nämlich gerade erst darüber gesprochen.«

»Tatsächlich?«, staunte Shannon. Sie sah Lucy an und lächelte. »Was für ein Zufall!«

Lucy sah Shannon fassungslos an. Sie hat mir meine Idee geklaut!, dachte sie. Aber wie …

Und da fiel ihr wieder ein, was sich am Vorabend auf dem Hotelzimmer ereignet hatte. Zuerst hatte Lucy Shannon beim Durchsuchen ihres Rucksacks erwischt, und als sie aus dem Bad gekommen war, hatte die Lampe auf dem Schreibtisch noch gebrannt.

Lucy schlug die Augen nieder. Aus Wut und Zorn über einen derartigen Verrat stiegen ihr die Tränen in die Augen, aber sie kämpfte sie nieder. Nur nicht die Fassung verlieren! Sie atmete tief durch. Plötzlich bemerkte sie, wie Alex' Hand, die auf ihrer ruhte, zu zittern begann.

Lucy sah auf. Alex biss die Zähne zusammen und sein Gesicht war puterrot.

»Was ist denn los, Alex?«, fragte die Senatorin.

Plötzlich wich die eitle Selbstzufriedenheit aus Shannons Gesicht. »Senatorin, vielen Dank, dass Sie mir zugehört haben. Entschuldigen Sie mich bitte«, sagte sie rasch und tauchte blitzschnell in der Menge ab.

Alex sah aus, als wolle er etwas sagen, aber dann hustete er und räusperte sich.

»Senatorin«, sagte er schließlich, »bitte erlauben Sie mir, Ihnen Ms. Lucy Camden vorzustellen.«

Die Senatorin lächelte. »Lucy Camden!«, sagte sie und schüttelte ihr die Hand. »Ich freue mich sehr, Sie kennen zu lernen. Wahrscheinlich sollte ich Ihnen das nicht verraten, aber Ms. Russell hat mir schon viel Gutes von Ihnen berichtet.«

Lucy lächelte. »Danke, Senatorin.«

»Alex hat auch von Ihnen gesprochen. Sie haben ein Anliegen, das Sie mir vortragen möchten?«

Nach einem kurzen Zögern ergriff Lucy das Wort. »Ja, aber ich glaube, meine Freundin Shannon hat schon mit Ihnen darüber gesprochen. Es geht um finanzielle Unterstützung für die *Heimstätten der Menschlichkeit.*«

»Oh ja!«, entgegnete die Senatorin. »Wie ich Shannon schon sagte, haben Alex und ich bereits darüber nachgedacht. Und nachdem ich nun von Ihnen darauf angesprochen wurde, bin ich vollends von der Idee überzeugt. Alex, machen Sie bitte eine Aktennotiz dazu!«

»Wird erledigt«, antwortete Alex.

»Dann haben Sie diese Idee also zu zweit ausgekocht?«, fragte die Senatorin.

»Wir haben unsere Notizen ausgetauscht, könnte man sagen«, erklärte Lucy.

Alex unterdrückte ein Husten.

Die Senatorin warf ihm einen fragenden Blick zu und wandte sich dann wieder Lucy zu. »Lucy, ich kann Ihnen gar nicht sagen, wie sehr es mich freut, wenn junge Leute auch mal an etwas anderes denken als nur an sich selbst. Das ist wirklich selten. Den meisten geht es doch nur um den eigenen Vorteil. Besonders in Washington. Hier ist es noch extremer als anderswo, nicht wahr, Alex?«

»So ist es, Senatorin«, entgegnete Alex.

»Dabei sollte es das genaue Gegenteil sein«, fuhr die Senatorin fort. »Regieren bedeutet, sehr hart für das Wohl anderer Menschen zu arbeiten, manchmal sogar auf Kosten der eigenen Person.«

Lucy nickte. »Das sehe ich genauso, Senatorin.«

Die Politikerin sah Lucy lange an. Dann sagte sie: »Haben Sie schon Pläne für den Juni?«

Hoffnung keimte in Lucy auf. Ihr Herz schlug schneller. Ruhig bleiben!, ermahnte sie sich. »Nein«, antwortete sie nach kurzer Überlegung.

Die Senatorin nickte. »Hmmm. Was meinen Sie, hätten Sie Lust, ein paar Wochen nach Washington zu kommen und für mich zu arbeiten? Sie könnten Alex dabei helfen, die Zahlen und Unterlagen zusammenzustellen, die wir brauchen, wenn die Regierung die *Heimstätten der Menschlichkeit* unterstützen soll.«

Lucy strahlte über das ganze Gesicht. »Senatorin, das würde ich sehr gerne!«

»Gut!«, meinte die Senatorin. »Dann vergessen Sie nicht, Alex Ihre Adresse und Telefonnummer zu geben. Wir schicken Ihnen nächste Woche einen Brief nach

Hause und hören nach, was Ihre Eltern davon halten. Sie können ja zusammen mit Ihrer Freundin Shannon herkommen.«

»Mit Shannon?«, fragte Lucy und bekam weiche Knie.

Die Senatorin lächelte. »Ich dachte, das würde Ihnen gefallen.«

Lucy musste erst einmal schlucken, aber da kam ihr plötzlich eine Idee. Langsam breitete sich ein Lächeln auf ihrem Gesicht aus.

»Oh ja, Senatorin Keims«, antwortete sie. »Und es wäre doch bestimmt gut, wenn wir beide in der Zwischenzeit nach Leibeskräften bei den *Heimstätten* mithelfen, um neue Häuser zu bauen. So lernen wir die Organisation am besten kennen.«

»Ja natürlich, das wäre doch eine wundervolle Erfahrung, nicht wahr? Ich werde es ausdrücklich in den Briefen an Ihre Eltern erwähnen. Wir sehen uns also in ein paar Monaten«, sagte die Senatorin. »Harry!«, rief sie plötzlich laut. »Wann wollen Sie sich unserem Gesetzentwurf endlich anschließen?« Und schon drehte sie sich um und verschwand in der Menge.

Lucy stand wie vom Donner gerührt da. Die gute und die schlechte Nachricht waren viel zu schnell auf sie eingeprasselt und sie musste das eben Erlebte erst einmal verdauen.

»Lucy«, sagte Alex, »ich weiß nicht, wie und wann Shannon Ihnen diese Idee geklaut hat, aber mit mir hat sie über dieses Thema nicht gesprochen – und sie hätte alles gesagt, um mich zu beeindrucken. Ich werde der Senatorin erklären, dass sie nichts damit zu tun hat. Es ist nicht richtig …«

»Nein«, fiel ihm Lucy ins Wort. »Tun Sie das nicht. Es ist zu spät. Abgesehen davon ist es auch egal. Es ging ja nur darum, die Senatorin auf das Thema aufmerksam zu machen und dafür zu sorgen, dass etwas geschieht. Es ist ganz egal, wessen Idee es war.«

»Im Grunde schon«, entgegnete Alex und blickte betroffen drein. »Nun, wenigstens kommen Sie im Juni hierher! Das ist toll, nicht wahr?«

»Ja, Shannon und ich, Kolleginnen im Kapitol«, sagte Lucy lakonisch. »Aber immerhin habe ich eine neue Freiwillige für die *Heimstätten* gewonnen.«

Alex lachte. Nach einer Weile sagte er: »Lucy, hören Sie, eigentlich sollte ich so etwas gar nicht aussprechen. Ich meine, ich werde im Juni Ihr Chef sein und ich bin viel älter als Sie …«

»Da haben Sie gestern aber etwas anderes gesagt«, warf Lucy ein.

»Hm?«, machte Alex.

»Bei der Begrüßung«, erklärte Lucy, »haben Sie gesagt, Sie seien nicht viel älter als wir.«

Alex dachte einen Augenblick nach. »Oh ja«, sagte er dann und lachte. »Wow! Sie sollten wirklich in die Politik gehen. Jedenfalls lag der Fall noch ganz anders, als ich es gesagt habe.«

»Wieso?«, fragte Lucy erstaunt.

Alex lächelte und nahm ihre Hand. »Zu diesem Zeitpunkt war mir noch nicht bewusst, wie gern ich ein Date mit einer aus der Gruppe hätte.«

Lucy errötete und schlug die Augen nieder. Sie bekam weiche Knie.

Alex legte ihr eine Hand unter das Kinn, sah sie zärtlich an und …

»Meine Damen und Herren!«, rief der Türsteher in diesem Moment. »Der Präsident der Vereinigten Staaten von Amerika!«

Die Menge jubelte, die Band spielte *Hail to the Chief* und Alex küsste Lucy auf den Mund.

»Simon!«, rief Ashley und ging in die Endlosschleife. »Simon! Simon! Simon!«

Simon schloss die Augen und gab sich allergrößte Mühe, so zu tun, als klammere sich kein kleines, blondes neunjähriges Mädchen an seinem Bein fest.

Es gelang ihm nur schlecht.

»Simon, Simon, Simon!«, trällerte Ashley vor sich hin.

Ihm gegenüber saß Ruthie auf der Wohnzimmercouch der Greens und sah fern. Den Kopf hatte sie auf ihre Hände gestützt.

»Ruthie!«, zischte Simon.

»Hey, ich hab damit nichts zu tun!«, gab Ruthie zurück. »Du bist hier der Babysitter!«

Simon schloss erneut die Augen. Wie war er nur in diese missliche Lage geraten? Alles war zunächst sehr gut gelaufen. Sein Vater hatte ihn und Ruthie um acht Uhr bei den

Greens abgesetzt. Nachdem die beiden Simon noch ihre Handynummer aufgeschrieben hatten, waren sie gegangen. Und dann war er allein mit Ruthie und Ashley gewesen.

Zuerst hatte sich Ashley ziemlich schüchtern verhalten und Simon hatte versucht, besonders freundlich zu ihr zu sein. Schließlich war er ihr Babysitter! Aber Ashley hatte ihre Zurückhaltung sehr rasch überwunden und nun hing sie schon seit einer Stunde an ihm wie eine Klette.

Simon schleppte sich zur Couch und schleifte Ashley einfach mit, die sich immer noch an sein Bein klammerte. Er setzte sich neben Ruthie.

»Das hast du mir eingebrockt«, warf er ihr vor.

Ruthie zuckte mit den Schultern. »Ist ja nicht meine Idee gewesen!«, gab sie zurück.

»Du hättest Mom ja nicht sagen müssen, dass die Greens einen Babysitter brauchen!«, entgegnete Simon.

»Hey, was sollte ich denn machen?«, fuhr Ruthie auf. »Sie kriegt doch immer alles aus einem raus.«

Simon sah Ashley an. Mit einem verklärten Gesichtsausdruck erwiderte sie seinen Blick. »Simon …«, säuselte sie.

Rasch sah er wieder zu Ruthie. »Du hast mich in diese Lage gebracht und jetzt sieh schleunigst zu, wie du mich da wieder rausholst!«

»Was soll ich denn machen?«, fragte Ruthie.

»Ich weiß es nicht«, entgegnete Simon hilflos. »Mach einfach irgendetwas!«

Ruthie stieß einen Seufzer aus. »Okay«, willigte sie schließlich ein. »Aber nicht umsonst.«

»Was soll das heißen?«, fragte Simon.

»Ich will die Hälfte«, erklärte Ruthie.

»Was?«

»Du hast es doch gehört«, erwiderte Ruthie. »Entweder gibst du mir die Hälfte von dem, was die Greens dir zahlen, oder ich mache gar nichts!«

Simon verzog das Gesicht. »Okay, aber unternimm jetzt bitte irgendetwas!«

Ruthie schaltete den Fernseher aus und sah ihre Freundin an. »Ashley, jetzt hör endlich auf, dich wie ein Trottel aufzuführen! Du hast mich zu dir eingeladen und bisher hab ich noch nicht viel Spaß gehabt!«

»Simon …«, flötete Ashley unbeirrt und schmachtete Simon weiter an.

»Diese Schallplatte hat leider einen Sprung«, bemerkte Ruthie.

Simon stöhnte. »Du bist wirklich eine sehr große Hilfe!«, meinte er. Verzweifelt sah er sich um. In dem Bücherregal an der gegenüberliegenden Wand entdeckte er jede Menge Videokassetten …

Auf keinen Fall!, dachte er. Alles, bloß nicht das Licht ausmachen und gemütlich auf die Couch hocken …

Es standen natürlich zahllose Bücher in dem Regal, aber mit denen war nicht viel anzufangen.

Dann sah er es. Ganz oben auf dem Bücherregal waren einige Spiele verstaut, und auf dem Stapel lag …

»Monopoly!«, rief Simon.

»Huch?«, machte Ruthie.

»Warum spielen wir nicht ein bisschen Monopoly?«, fragte Simon und sah Ashley an. »Wie findest du das, Ashley? Möchtest du gerne mit mir Monopoly spielen?«

»Ja!«, antwortete Ashley. »Monopoly! Spielen wir doch Monopoly!«

Ruthie schlug die Hände vors Gesicht. »Das ist wirklich die schrecklichste Übernachtung bei einer Freundin, die ich je erlebt habe!«

»Komm schon, Ruthie, das macht doch Spaß«, ermunterte sie Simon. »Es geht doch ums Geldverdienen.«

Simon schleppte sich und Ashley zum Bücherregal. »Hör mal, Ashley«, sagte er, »wenn ich das Spiel da runterholen soll, musst du mein Bein loslassen.«

Als Ashley zu schmollen begann, fügte er rasch hinzu: »Nur ganz kurz!«

»Okay, Simon«, sagte Ashley und ließ zögernd los.

Simon zog einen Stuhl an das Regal und holte das Spiel herunter. Er nahm es mit zum Couchtisch und begann alles auszupacken.

Ashley lief zu ihm und setzte sich neben ihn. »Ich bin in Simons Mannschaft!«, verkündete sie.

»Oh, du liebe Güte!«, meinte Ruthie. Seufzend setzte sie sich gegenüber von Simon an den Tisch.

Als die Greens nach Hause kamen, schlief Ruthie auf der Couch. Simon starrte mit leerem Blick auf den Fernseher. Ashley hatte sich mit einem Lächeln auf den Lippen neben ihm zusammengekuschelt. Das Monopoly-Spiel stand mit vielen kleinen Häusern besetzt auf dem Tisch und das Spielgeld war überall verstreut.

»Hallo, Leute!«, rief Mr. Green beim Hereinkommen. »Wie ist es gelaufen?«

Simon zwang sich zu einem Lächeln. »Großartig!«, flunkerte er.

»Hier, Simon!«, sagte Mr. Green. »Ich werde dir ein bisschen was von dem Monopoly-Geld gegen echtes eintauschen.« Damit reichte er Simon zwei Zwanzig-Dollar-Scheine.

»Danke«, murmelte Simon. Er konnte kaum noch die Augen offen halten. So schwer hatte er sich das Geldverdienen nicht vorgestellt. Er war vollkommen erschöpft. Selbst wenn ich sämtliche Rasenflächen von Glenoak gemäht hätte, könnte ich nicht fertiger sein!, dachte er.

13

Noch nie war Simon so gern ins Bett gegangen wie an diesem Abend. Am nächsten Tag wurde er von aufgeregten Stimmen geweckt, die aus dem Erdgeschoss zu ihm heraufdrangen. Er begrub seinen Kopf unter dem Kissen und versuchte, wieder einzuschlafen, bis ihm langsam ins Bewusstsein drang, was er da hörte.

Lucy ist wieder da!, dachte er und stellte überrascht fest, wie sehr ihn das freute. Er sprang aus dem Bett, zog sich rasch die Jeans an, die er am Vorabend getragen hatte, und flitzte die Treppe hinunter.

Im Wohnzimmer saßen Mary, Ruthie und die Eltern und ließen sich von Lucy erzählen, was sie auf ihrem Ausflug alles erlebt hatte.

Am Fuß der Treppe angekommen, bremste Simon sein Tempo und trabte cool um die Ecke. »Hey, Lucy«, sagte er. »Du bist ja schon wieder da!«

Lucy grinste ihn an. »Ja. Hast du mich vermisst?«

Simon zuckte mit den Schultern und grinste. »Ein bisschen vielleicht.«

Lucy umarmte ihn. »Also, ich habe dich auf jeden Fall vermisst«, sagte sie.

»Stell dir vor, Simon«, rief seine Mutter, »Lucy wird im Juni nach Washington gehen und für Senatorin Keims arbeiten! Ist das nicht großartig?«

»Ja, toll«, entgegnete Simon ohne große Begeisterung und dachte nur an die vielen Stunden, die er dann auf Ruthie würde aufpassen müssen.

Lucy zerzauste ihm liebevoll das Haar. »Ich habe euch allen Geschenke mitgebracht, aber Ruthie möchte ich ihres zuerst geben.«

Sie lächelte ihre kleine Schwester an, griff in die Jackentasche und holte mit großer Geste eine zusammengefaltete Serviette heraus.

Ruthie runzelte die Stirn. »Du hast mir eine Serviette mitgebracht?«

»Nicht irgendeine olle Serviette«, entgegnete Lucy. »Die ist aus dem Weißen Haus. Mit dem Siegel des Präsidenten und ...« – Lucy faltete die Serviette auseinander – »... mit seiner Unterschrift!«

Ruthie fiel die Kinnlade runter. »Die Unterschrift des Präsidenten!«, kreischte sie, als Lucy ihr die Serviette reichte. »Wow!«

Alle lachten.

Dann sagte Mrs. Camden: »Simon, ich habe eine gute Nachricht für dich. Mrs. Green hat mich heute Morgen angerufen. Anscheinend hört Ashley gar nicht mehr auf, von dir zu erzählen. Die Greens sind sehr angetan von dir und möchten dich gern für heute Abend engagieren. Ich habe zugesagt, weil ich ja weiß, wie arbeitseifrig du bist.«

»Mom, ich kann nicht«, sagte Simon schnell. »Ich habe heute Abend andere Pläne.«

Mrs. Camden runzelte die Stirn. »Und was soll ich Mrs. Green sagen?«

Simon sah seine Mutter nur ratlos an, als Lucy sich einschaltete. »Weißt du was, Simon? Nach diesem Wochenendausflug bin ich ein bisschen knapp bei Kasse. Wenn du mir ein gutes Angebot machst, wäre ich unter Umständen bereit, für dich einzuspringen.«

Simon nickte stumm.

»Und«, sagte sie, »was bietest du?«

Simon schob langsam die Hand in die Hosentasche, holte die vierzig Dollar hervor, die Mr. Green ihm gegeben hatte, und hielt sie seiner Schwester hin.

»Hmmm ...«, machte Lucy und sah die beiden Zwanzig-Dollar-Scheine an.

»Bitte!«, drängte Simon.

»Also gut«, sagte Lucy schließlich und nahm das Geld. »Du bist ein zäher Verhandlungspartner, Simon. Hast du je darüber nachgedacht, in die Politik zu gehen?«

Simon stöhnte. »Ich gehe wieder ins Bett!«, sagte er matt.

Weitere himmlische Geschichten

Eine himmlische Familie
Matt – der Herzensbrecher
ISBN 3-8025-2762-3

Eine himmlische Familie
Rivalinnen
ISBN 3-8025-2773-9

Eine himmlische Familie
Große Schwester,
kleine Schwester
ISBN 3-8025-2947-2

Eine himmlische Familie
Marys Story
ISBN 3-8025-2941-3

Egmont vgs verlagsgesellschaft, Köln

www.vgs.de